Originalausgabe

© 2019 SSG Produktions- und Vertriebs GmbH
»SimsalaGrimm created by Stefan Beiten und Nikolaus Weil«
Licensed by: Fabula Brands and Licensing UG
© 2019 Dressler Verlag GmbH, Poppenbütteler Chaussee 53, 22397 Hamburg
ellermann im Dressler Verlag Hamburg
Texte nacherzählt von Sonja Fiedler-Tresp
Alle Rechte vorbehalten
Satz: Arnold & Domnick, Leipzig
Druck und Bindung: PNB Print Ltd., »Jāņsili«, Silakrogs,
LV-2133 Ropažu novads, Lettland
Printed 2019
ISBN 978-3-7707-0140-7
www.ellermann.de

ellermann im Dressler Verlag · Hamburg

Inhalt

Frau Holle

Dornröschen

Rotkäppchen

Aschenputtel

Schneewittchen
80

Der Froschkönig
100

Rumpelstilzchen
120

Der Wolf und die sieben Geißlein
138

Vor langer, langer Zeit, als Wunder noch Wirklichkeit waren, gab es eine Zauberformel, die die Tore in das Märchenland von Simsala öffnete, jenem magischen Ort, an dem all die berühmten Helden leben und alle Märchen ihr Zuhause haben: *Abrakadabra, SimsalaGrimm.*

Auf dem Dachboden in einem alten Haus lag auf einem verstaubten Regal ein dickes Buch. Es war ein ganz besonderes Buch, eines, das Geschichten zum Leben erweckte. Es kannte die magische Zauberformel. Ganz von selbst flog es los zu Doc Croc, dem klugen, schüchternen Bücherwurm, und dem vorwitzigen Yoyo.

»Seid ihr bereit für ein neues Abenteuer?«, fragte das Buch.

Die beiden Freunde jubelten. »Na klar sind wir das! Und ob!« Sie sprangen vor Freude los, rutschten aber aus und fielen vom Regal. »Uuuuiuiui!«, schrien sie. »Aaaaahhhh! Vorsicht!« Da fing das weit aufgeschlagene Märchenbuch sie auf und erhob sich mit ihnen wie ein fliegender Teppich in die Lüfte.

Gemeinsam durchquerten sie Zeit und Raum, bis sie eine märchenhafte weiße Winterlandschaft erreichten. Berge, Bäume und Häuser waren tief verschneit. Und auf einer Wolke stand eine freundlich aussehende Frau, die ihr Kopfkissen ausschüttelte. Die Federn flogen wie Schneeflocken umher, bis sie sanft zu Boden segelten. Yoyo und Doc Croc sahen vom fliegenden Buch aus begeistert zu. »Sieh dir das an, jetzt weiß ich endlich, warum es schneit!«, sagte Yoyo. In diesem Moment raste das Buch im Sturzflug nach unten, bis die beiden in einer verschneiten Waldlichtung in den Schnee stürzten.

Als sie sich mühsam wieder aufgerappelt hatten, hörten sie auf einmal Gesang, konnten aber niemanden sehen. Yoyo machte sich sofort auf die Suche. Er wollte wissen, wer hinter der schönen Stimme steckte.

»Hey, guck mal!«, rief er gleich darauf seinem Freund zu. Auf dem verschneiten Waldweg lief ein junges Mädchen. Sie hatte langes dunkelrotes Haar und sang ein fröhliches Lied. Yoyo sah ihr bewundernd entgegen. »Ist sie nicht wunderschön?«, fragte er.

Doc Croc grinste. »Wenn man so etwas ›Wunderschönes‹ mag: ein hübsches Mädchen, nettes Lied …«

In diesem Moment schrie das Mädchen erschrocken auf. Sie hatte die beiden Freunde entdeckt.

»Hallo, schön, dich kennenzulernen«, sagte Yoyo zu ihr. »Ich bin Yoyo, der größte Abenteurer seit … na ja, eigentlich schon immer.«

»Ich bin Marietta«, sagte das schöne Mädchen. »Du kannst mich Marie nennen. Und du, du bist das Süßeste, das ich seit Langem gesehen habe.«

Beglückt schnappte sich Yoyo einen schneebedeckten Ast und reichte ihn dem Mädchen wie einen Blumenstrauß. Doch er war zu schwungvoll, der Schnee fiel herab und landete Doc Croc im Gesicht.

Mit einem Lachen nahm Marie den Ast entgegen. »Ist das für mich?«, fragte sie.

»Aber ja, natürlich«, sagte Yoyo.

Doc Croc, der noch immer voller Schnee war, hob die Hand. »Also, rein botanisch gesprochen, ist das eine Schneetulpe, ich meine, es war eine Schneetulpe, bis der Schnee auf mich fiel …«

Da erst nahm Marie den Bücherwurm wahr und hob ihn aus dem Schnee heraus. »Und du?«

»Ich bin Doc Croc, Privatgelehrter, Philosoph und Wissenschaftler«, stellte er sich vor.

»Du siehst auch wirklich wie ein echtes Genie aus«, sagte Marie. »So, jetzt darf ich nicht weiter trödeln. Meine Mutter wartet schon seit Stunden auf mich.« Mit schnellen Schritten lief sie singend über die weiße Landschaft hinweg davon.

»Was für ein süßes Mädchen«, sagte Yoyo versonnen.

»Ja, sie weiß ganz genau, woran man ein Genie erkennt.« Doc Croc nickte. Die beiden Freunde sahen sich an und beschlossen, ihr zu folgen.

Marie lief schnell, und so mussten sie sich ziemlich beeilen, um mit ihr Schritt zu halten. Da kam Doc Croc die Idee, eine Abkürzung durch den Wald zu nehmen. An einer Wegbiegung warteten sie. »Wenn mich meine Berechnungen nicht täuschen, müsste sie jetzt um die Ecke kommen«, kündigte Doc Croc an. Gleich darauf hörte man den Gesang des Mädchens näher kommen.

»Ist ja genial«, sagte Yoyo staunend. »Wie machst du das?«

»Das sind natürlich megakomplizierte Berechnungen mit vielen geheimen Formeln, die nur wahre Genies beherrschen, also frag bitte nicht weiter«, antwortete Doc Croc. Dann grinste er. »Okay, ich geb's ja zu. Ich hab geraten.«

Sie spähten durch einen Baum hindurch und beobachteten, wie das Mädchen durch den Wald lief und an einem Busch ein paar Beeren pflückte. Mit einem Mal seufzte es auf und sackte so erschöpft zusammen, als läge plötzlich eine schwere Last auf seinen Schultern. Mit hängendem Kopf schlurfte Marie weiter. Sie schien völlig verändert! Doc Croc und Yoyo schauten sich verblüfft an. Was war denn plötzlich in Marie gefahren?

»Und wo zum Teufel mag dieser Weg überhaupt hinführen?«, fragte sich Yoyo.

Gemeinsam mit Doc Croc blieb er Marie auf den Fersen, bis sie auf eine kleine Hütte mitten im Wald zusteuerte. Vor der Tür war eine alte Frau dabei, Holz zu hacken. Auf einem Baumstumpf saß ein bunter Hahn und sah zu.

Yoyo und Doc Croc eilten über eine Abkürzung an der alten Frau vorbei, um durch ein Fenster der Hütte in die Wohnstube zu spähen. Sie sahen ein Mädchen an einem Tisch sitzen, das Marie ähnlich sah, aber ein wenig jünger wirkte. Es schien zu schlafen. In den Händen hielt es eine Spindel zum Spinnen von Wolle.

»Das muss Mariettas Schwester sein«, vermutete Yoyo.

Da begann der Hahn zu krähen. »Kikeri Kikeridu, deine ältere Tochter kommt jetzt im Nu«, rief er der alten Frau zu.

Tatsächlich hatte es Marie inzwischen bis zum Haus geschafft. Sie sah sehr viel erschöpfter aus als zu dem Zeitpunkt, als sie die beiden Freunde im Wald getroffen hatte. Die Mutter kam ihr freudig entgegen. »Endlich gibt es Abendbrot. Ich bin hungrig«, sagte sie erleichtert.

Doch Marie schüttelte den Kopf. »Ich bin wirklich weit gelaufen, Mutter, trotzdem habe ich nur diese drei Beeren gefunden«, sagte sie mit gesenktem Kopf. »Es ist die kalte Jahreszeit. Ich hab mir so viel Mühe gegeben, und meine Füße tun so weh. Ich wünschte mir, Vater wäre hier.« Schluchzend brach sie im Arm der Mutter zusammen.

Die Mutter tröstete sie. »Ist schon gut, ich weiß, dass du dir große Mühe gegeben hast.«

Yoyo aber starrte das Mädchen entrüstet an. »Wer's glaubt, wird selig.« Er wusste ja, dass Marie bis vor Kurzem singend durch den Wald gelaufen war und nicht wirklich nach etwas Essbarem gesucht hatte.

Als sie in die Hütte trat, sah Marie das andere Mädchen schlafend in der Stube sitzen. Empört schrie sie auf: »Ich habe den ganzen Tag nach etwas zu essen gesucht, und hier sitzt Anna und schläft. Unglaublich!«

Die Schwester schreckte hoch. »Ich habe den ganzen Tag Wolle gesponnen«,

verteidigte sie sich. »Schau sie dir an!« Und sie wies auf einen großen Korb voll gesponnener Wolle.

Marie sah gar nicht richtig hin. »Stell dir mal vor, wie viel Wolle sie gesponnen hätte, wenn sie nicht eingeschlafen wäre«, sagte sie zu ihrer Mutter.

Da wurde die Schwester wütend. »Ich bin vor einer Minute eingeschlafen. Ich habe heute nicht mal was gegessen. Ich habe großen Hunger.« Sie starrte auf den Tisch. »Was ist denn das?« Marie hatte eine Blaubeere vor sie hingelegt.

»Dein Essen«, sagte die Mutter.

»Du hast *eine* Beere gefunden?«, fragte Anna entsetzt.

»Für jeden eine«, erklärte Marie.

Anna konnte das nicht glauben. »Warst du auch bei den Apfelbäumen beim Schloss? Und was ist mit den Kürbispflanzen auf dem Hügel?«

Marie beteuerte, dass sie überall nachgeschaut habe.

Da stand Anna auf. »Gut. Dann werde ich mir eben selbst etwas zu essen suchen.«

»Tu's doch, wenn du glaubst, dass du es besser kannst«, antwortete Marie beleidigt.

»Es ist nicht so schwer, die Kürbispflanzen zu finden oder die Apfelbäume, du bist einfach nur zu faul.« Wütend rauschte Anna aus dem Haus. Marie warf ihr die Spindel hinterher. »So schnell kommst du von deiner Arbeit nicht davon«, rief sie gehässig.

Die Mutter schlug traurig die Hände vors Gesicht. »Oh, warum könnt ihr beide euch nicht vertragen?«, fragte sie verzweifelt.

Yoyo und Doc Croc hatten alles mit angesehen. »Das arme Ding. Das war aber nicht fair«, sagte Doc Croc. Sie beschlossen, Anna zu helfen.

Es dauerte nicht lange, bis sie das Mädchen eingeholt hatten. An einem steinernen Brunnen im Wald machten sie gemeinsam eine Rast und setzten sich an den Brunnenrand. Anna klagte den beiden Freunden ihr Leid. »Sie tut das alles, um besser bei Mutter dazustehen«, sagte sie.

»Aber das durchschaut deine Mutter doch, oder?«, fragte Yoyo. In diesem Moment ließ Doc Croc die Spindel fallen, die er genauer hatte betrachten wollen. Anna versuchte, sie zu fassen zu kriegen, bevor sie in den Tiefen des Brunnens verschwand, griff jedoch daneben und stürzte mit einem lauten Schrei in den Brunnenschacht.

Erschrocken sprang Yoyo auf und sofort in den Eimer, der an der Ziehkette im Brunnen hing, um sich darin im Schacht hinunterzulassen. Da zögerte auch Doc Croc nicht lange und rutschte die Kette hinab.

Als sie unten ankamen, fanden sie sich nicht auf dem feuchten Boden des Brunnens, sondern mitten in den Wolken. Verwirrt sahen sich die drei in der himmlischen weißen Landschaft um.

»Was ist passiert?«, rief Anna. Da entdeckte sie plötzlich etwas. »Seht mal, da ist ein Pfad. Folgt mir.«

Und so wanderten die drei über die Wolken, als wäre es ein Weg unten auf der Erde.

»Ich hab mir selten so sehr gewünscht, dass es nicht zu regnen anfängt«, sagte Doc Croc nervös, denn er wusste, dass sich die Wolken bei Regen auflösen würden.

Mitten in der weißen Pracht trafen die drei auf einen qualmenden Backofen. Als sie auf ihn zukamen, begann er zu sprechen. »Helft mir bitte, ganz ehrlich, sonst wird es nämlich gefährlich, nehmt heraus das frische Brot!«

Anna sah ihn verständnislos an. »Was sagst du da?«

»Nehmt heraus das frische Brot, sonst wird es Asche in der Not. Das war's dann mit dem Brot!«, sagte der Ofen.

Doc Croc schüttelte den Kopf. »Man lernt nie aus. Ein sprechender Ofen!«

»Ein sprechender Ofen, der Hilfe braucht«, sagte Yoyo.

Anna zögerte nicht und öffnete die Ofenklappe. Zusammen mit Yoyo und Doc Croc hob sie die fertigen Brotlaibe aus dem Ofen.

Der Ofen betrachtete sie mit dankbarem Blick. »Vielen Dank für eure Hilfe. Ich weiß nicht, was ich ohne euch gemacht hätte«, sagte er.

Anna kniete sich vor ihm hin. »Nicht der Rede wert. Ich hab's gern getan. Ich bin Anna. Wiedersehen, Ofen.«

»Ich bin Otto«, sagte der Ofen. »Auf Wiedersehen. Und wenn ich mal irgendeine Kleinigkeit für dich backen soll …«

»Dann melden wir uns bei dir«, sagte Yoyo, während die drei sich erneut auf den Weg machten.

Nachdem sie eine Weile durch die Wolken gelaufen waren, kamen sie zu einem Apfelbaum, der über und über mit Äpfeln vollhing. Auch er brauchte Hilfe. »Helft mir bitte, ganz ehrlich, sonst wird es nämlich gefährlich. Meine Äpfel sind alle miteinander reif«, rief er.

»Ich helf dir gern«, sagte Anna und begann, die Äste des Baumes zu schütteln. Während Doc Croc und Yoyo sich vor den fallenden Äpfeln in Sicherheit brachten, wurde der Boden mehr und mehr mit roten Früchten bedeckt. Bald war der ganze Baum abgeerntet.

»Oh ja, das ist schon viel besser«, sagte der Baum erleichtert. »Danke schön, danke schön!«

»Gern geschehen«, sagte Anna schlicht und machte sich erneut mit den beiden Freunden auf den Weg durch die Wolken.

Doc Croc hatte sich einen Apfel mitgenommen und schaute ihn prüfend an. »Kannst du auch reden? Hallo, hallo? Na schön. Dann eben nicht«, sagte er enttäuscht, als der Apfel nicht antwortete, und wollte hineinbeißen. Doch weil er einen Moment nicht auf den Weg geachtet hatte, rutschte er in eine Wolkenlücke. Yoyo und Anna schafften es gerade noch, ihn zu packen, bevor er in die Tiefe stürzte.

»Du bist wirklich ein Engel«, sagte Doc Croc dankbar zu Anna.

»Da ist ja schon wieder diese Schneefrau!«, sagte Yoyo plötzlich.

Hinter einer großen Wolke tauchte ein kleines Häuschen auf. Auf dem Balkon stand eine Frau und schüttelte ein Kissen aus. Es war die Frau, die Yoyo und Doc Croc zuvor schon gesehen hatten. Sie hieß Frau Holle. Sie sah den Freunden fröhlich entgegen. »Hallo, Anna, es ist so schön, dich und deine Freunde kennenzulernen«, sagte sie freundlich und bat die drei ins Haus.

»Woher kennst du meinen Namen?«, fragte Anna erstaunt.

»Ich kenne nicht nur deinen Namen«, antwortete Frau Holle. »Ich weiß noch viel mehr über dich. Du hast ein gutes Wesen und deine Freunde auch.«

»Das ist Annas Verdienst«, sagte Doc Croc bescheiden. »Sie hilft wirklich jedem.«

Frau Holle lächelte. »Würdet ihr denn auch einer alten Dame im Haushalt helfen? Gegen Essen natürlich und ein Bett für die Nacht?«

Anna lächelte zurück. »Ich würde überall helfen, wo ich nur kann.«

Yoyo und Doc Croc ließen den Blick durch die Wohnstube schweifen. Alles wirkte sehr aufgeräumt und ordentlich.

»Sieht nicht so aus, als ob hier wahnsinnig viel getan werden müsste«, sagte Yoyo.

Doch Frau Holle schüttelte den Kopf. »Ganz im Gegenteil. Die Kleider müssen gewaschen, die Töpfe geschrubbt, die Böden gewischt, die Strümpfe gestopft, die Suppe gerührt und die Kartoffeln geschält werden. Ihr werdet euch keine Sekunde langweilen. Das könnt ihr mir glauben.«

Anna, Yoyo und Doc Croc sahen sie mit großen Augen an. So viel Arbeit wartete auf sie? Ob sie das überhaupt schaffen würden?

»Und was machst du eigentlich?«, fragte der Bücherwurm.

»Ich schüttele die Kissen«, antwortete Frau Holle schlicht.

Anna hatte sich als Erste gefangen. »Wir helfen immer gerne«, sagte sie. »Und wo fangen wir an?«

Kurz darauf waren alle an der Arbeit. Es gab wirklich sehr viel zu tun. Während Frau Holle die Betten ausschüttelte, wuschen die drei Freunde Wäsche an einem Fluss in den Wolken, holten Wasser in großen Kübeln, schrubbten den Boden, kochten Suppe und bereiteten Tee zu.

»Wird diese Arbeit jemals leichter?«, stöhnte Yoyo nach einer Weile.

Auch nach dem Essen war noch nicht Schluss. Nun mussten Strümpfe gestrickt und bergeweise Geschirr gespült werden.

Erst nachdem die Sonne schon längst untergegangen war, gingen die drei Freunde zu Bett. Später wollte Frau Holle noch einmal nach ihnen sehen, doch sie schliefen bereits tief und fest.

Auch in den nächsten Tagen gab es viel Arbeit für Anna, Yoyo und Doc Croc. Sie putzten, schrubbten, fegten und wischten von morgens bis abends. Als sich der Himmel schon rot färbte, bekamen sie den Auftrag, die Wolken zu reinigen.

»Wolken zu fegen ist eine undankbare Aufgabe«, sagte Doc Croc, während er den Besen schwang und über das weite Wolkenmeer wies. »Sie hört nie auf.« »Ich hätte nicht gedacht, dass ich mal so was sagen würde. Aber Wolken sind wirklich total anstrengend«, murmelte Yoyo müde.

Tagein, tagaus mussten die drei Freunde die schwere Arbeit erledigen. Sie beklagten sich nie. Aber jeden Abend waren sie noch müder als am Vortag.

Nachdem sie eine Woche geschuftet hatten, sah Yoyo Anna ganz betrübt auf einer Wolke sitzen.

»Was ist denn los?«, fragte er das Mädchen.

»Ich weiß nicht, was ich tun soll«, antwortete Anna verzweifelt. »Ich bin jetzt sieben Tage hier, und meine Mutter macht sich bestimmt Sorgen. Aber ich möchte auch Frau Holle helfen.«

Hinter Anna war Frau Holle aufgetaucht. Sie hatte gehört, was Anna gesagt hatte.

»Anna, du bist so eine große Hilfe gewesen«, sagte sie. »Und deine Freunde auch. Ihr habt euer Bestes gegeben. Natürlich kannst du nach Hause gehen. Es gibt sogar noch eine Belohnung für dich.«

Frau Holle brachte die drei Freunde zu einem geschmückten Torbogen zwischen den Wolken. Dies war der Weg zurück nach Hause. Die alte Frau sah Anna freundlich an und reichte ihr die Spindel, die ihr in den Brunnen gefallen war. »Danach hast du doch gesucht, oder? Die musst du wieder mit nach Hause nehmen.«

»Vielen Dank, Frau Holle«, sagte Anna.

Yoyo und Doc Croc fanden es knauserig, dass Anna nach der ganzen Arbeit nur etwas bekam, das ihr sowieso gehörte. Doch sie hatten sich getäuscht.

»Dafür, dass du fleißig gearbeitet hast, sollst du natürlich eine gerechte Belohnung erhalten«, sagte Frau Holle da und reichte ihr einen hölzernen Eimer. »Dieses Geschenk, Anna, wirst du sicher noch sehr gut gebrauchen können.

Anna bedankte sich freudig. »Vielen Dank, Frau Holle. Das ist wirklich ein schöner Eimer.«

Yoyo und Doc Croc fanden aber insgeheim trotzdem, dass auch dies kein angemessenes Geschenk war.

Die drei verabschiedeten sich und traten durch den Torbogen. Kaum hatten sie ihn durchschritten, begann es plötzlich zu blitzen und zu donnern. Und auf einmal regnete es Goldstücke vom Himmel! Das Gold prasselte auf die Freunde herab, bis sie komplett damit bedeckt waren.

Als der Goldregen aufhörte, waren sie nicht mehr im Himmel, sondern zurück auf der Erde. Sie saßen direkt neben dem Brunnen im Wald, an dem ihr Abenteuer begonnen hatte.

Mit dem Eimer voll Gold machten sie sich auf den Weg zu Annas Haus. Schon von Weitem sah sie der Hahn kommen und kündigte sie an.

»Kikeriki, hör mir gut zu, deine goldene Tochter ist hier im Nu«, rief er.

Als die Mutter Anna den verschneiten Waldweg entlangkommen sah, lief sie ihr freudig entgegen und nahm sie in die Arme. »Oh, Anna, ich bin so froh, dass du zurück bist. Ich hab dich überall gesucht. Du warst stundenlang weg. Ich hab mir solche Sorgen gemacht.«

Anna sah sie erstaunt an. »Stundenlang weg? Ich war sieben Tage unterwegs!«

In diesem Moment trat Marie aus dem Haus. Mit großen Augen starrte sie auf das Gold in dem Eimer.

»Wo hast du das denn her?«, fragte sie. Als jetzt auch die Mutter das Gold erblickte, schlug diese fassungslos die Hände vors Gesicht.

»Ich hab einfach Glück gehabt«, sagte Anna bescheiden.

Diese Antwort war Marie nicht genug. »Wo hast du es her? Vielleicht kann ich dort auch in ein paar Stunden reich werden«, sagte sie.

»So einfach ist das nicht«, antwortete Anna und versuchte zu erklären, was geschehen war. Marie ließ sie jedoch nicht ausreden.

»Oh, papperlapapp«, rief sie, »ihr zwei, Yoyo und der andere Kerl, ihr werdet mir zeigen, wo ihr dieses Gold gefunden habt.«

Die Mutter wandte ein, dass jetzt genügend Gold für alle da sei, doch das wollte

Marie nicht hören. Sie schnappte sich die beiden Freunde, klemmte sie sich unter den Arm und lief mit ihnen davon.

Schon bald erreichten sie den Brunnen an der Waldlichtung.

Yoyo und Doc Croc erklärten Marie, dass sie in den Schacht hinunterspringen musste. Aber das Mädchen glaubte ihnen nicht. »Das ist doch bestimmt nur ein bösartiger Trick von euch!«, rief sie.

»So hat es Anna gemacht«, sagte Yoyo, und Doc Croc fügte hinzu: »Ganz schön Furcht einflößend, was?«

Das wollte Marie nicht auf sich sitzen lassen. Ohne weiter nachzudenken, ließ sie sich in den Schacht fallen und glitt schreiend in die Tiefe. Yoyo und Doc Croc schnappten sich den Zieheimer und rutschten ebenfalls nach unten. »Oje, da geht es schon wieder los«, jammerte Doc Croc.

Wie beim letzten Mal landeten sie in den Wolken.

Marie sah sich verwirrt um.

»Und was machen wir nun?«, flüsterte Yoyo Doc Croc zu.

»Wir bringen sie zum Haus von Frau Holle«, antwortete der Bücherwurm leise. »He-he, die wird schon wissen, was sie mit Marie anfangen soll.«

Wie beim letzten Mal folgten die drei dem Pfad durch die Wolken. Und wie beim letzten Mal stießen sie bald auf den Ofen.

»Helft mir bitte, ganz ehrlich, sonst wird es nämlich gefährlich, nehmt heraus das frische Brot!«, rief er.

Marie runzelte die Stirn. »Was ist denn das für ein Unfug?«, fragte sie.

»Offen gesagt, es wird von dir erwartet, dem Ofen zu helfen«, erklärte Doc Croc. Doch Marie lief einfach weiter.

»Ein sprechender Ofen. Das ist doch lächerlich!«, rief sie und ignorierte den jammernden Ofen.

So machten sich Yoyo und Doc Croc allein daran, das Brot aus dem Ofen zu holen. Für die beiden Kleinen war es mühsam, aber sie schafften es. Glücklich schloss der Ofen seine Tür, und die beiden Freunde machten sich auf die Suche nach Marie.

Sie fanden sie vor dem Apfelbaum.

»Helft mir bitte, ganz ehrlich, sonst wird es nämlich gefährlich. Meine Äpfel sind alle miteinander reif«, jammerte der Baum. Doch Marie hörte gar nicht richtig zu. Sie pflückte sich einen Apfel, biss hinein und schmiss ihn gleich darauf weg. »Du schmeckst mir nicht«, rief sie und lief einfach weiter. Wieder war es an den beiden Freunden, zu zweit zu helfen. Sie schüttelten die Äste des Apfelbaums so lange, bis alle Äpfel am Boden lagen.

»Die denkt wirklich nur an sich«, sagte Yoyo kopfschüttelnd. Der Baum bedankte sich für ihre Hilfe, und die Freunde beeilten sich, Marie einzuholen.

Doch genau wie beim letzten Mal rutschte Doc Croc auf dem Weg durch die Wolken aus und fiel beinahe in die Tiefe. Nur mit Mühe schaffte Yoyo es, ihn festhalten. Marie aber lief einfach singend weiter, ohne sich auch nur nach ihnen umzudrehen. Ohne ihre Hilfe schaffte Yoyo es nicht, Doc Croc hochzuziehen, und so rutschten sie beide ab und wirbelten durch die Luft, bis eine kleine Wolke sie zum Glück auffing.

Als sie auf der Wolke langsam das Haus von Frau Holle erreichten, war auch Marie schon eingetroffen. Die beiden Freunde konnten gerade noch mit anhören, wie Frau Holle dem Mädchen aufzählte, welche Arbeiten es zu erledigen gäbe.

»Die Böden müssen gewischt, die Strümpfe gestopft und die Kartoffeln geschält werden«, erklärte Frau Holle. »Du wirst dich keine Sekunde langweilen. Das kannst du mir glauben.«

»Gab's denn nicht auch so was wie eine Belohnung?«, fragte Marie neugierig.

»Aber natürlich«, antwortete Frau Holle. »Jeder bekommt von mir das, was er verdient.« Sie reichte Marie einen Besen. »Du willst doch nicht etwa Zeit vergeuden«, sagte sie.

Marie betrachtete den Besen skeptisch und gelangweilt. Als sie Yoyo und Doc Croc erblickte, sagte sie wütend: »Na, ihr zwei seid mir aber eine große Hilfe. Ich dachte, ihr zeigt mir den Weg. Jetzt muss ich wohl alles selbst herausfinden. Was soll ich jetzt tun? Was hat Anna als Nächstes gemacht?«

»Sie hat hart gearbeitet«, antwortete Doc Croc, doch Marie glaubte ihm nicht. »Mit ein bisschen Hilfe«, gab er zu.

Da kam Marie eine Idee. »Jetzt weiß ich, wozu ihr zwei zu gebrauchen seid. Doc, du bist doch ein Weltklasse-Genie, das große Aufgaben liebt«, sagte sie und sah dem Bücherwurm in die Augen.

»Schmeicheln hilft hier nicht weiter«, entgegnete er abwehrend.

Marie aber beachtete seinen Einwand nicht. »Ich kann mir gar nicht vorstellen, dass du für solche Hausarbeiten keine genialen Arbeitserleichterungen kennst. Nur um mir zu beweisen, wie klug du wirklich bist. Nimm es doch als Herausforderung.« Sie ging ins Haus und ließ die beiden Freunde allein zurück.

Nachdem sie eine Weile überlegt hatten, machten sie sich an die Arbeit. Aus Brettern, Nägeln und Holzbalken bauten Yoyo und Doc Croc eine Haushaltsmaschine zusammen. Bald schon wusch sich die Wäsche selbst wie von Zauberhand, und auch die Böden wurden automatisch geschrubbt.

Yoyo jubelte: »Das hast du klasse gemacht, Croci. Jetzt müssen wir uns nur noch um die Suppe kümmern.«

Während Doc Croc und Yoyo Tee und Abendessen vorbereiteten, lag Marie faul auf den Wolken und schlief. Erst als sie vollkommen ausgeruht war, kehrte sie singend zum Haus zurück. Als sie Doc Croc und Yoyo begegnete, die eifrig frische Wäsche in das kleine Häuschen brachten, ließ sie sich nach vorne sacken und tat, als sei sie erschöpft. »Und, wie geht's euch?«, fragte sie mit matter Stimme.

»Na ja, ist viel zu tun«, antwortete Yoyo. Doc Croc fragte sie, was sie denn den ganzen Tag getan hatte.

Sie antwortete: »Ihr werdet es nicht glauben, Frau Holle lässt mich Wolken aufeinanderstapeln.« Mit gebeugtem Rücken schritt sie weiter zum Haus.

»Das arme Mädchen«, sagte Yoyo spöttisch.

Doc Croc aber hatte eine Idee: »Wie wäre es, wenn ich diese Maschine zum Wolkenstapeln umbaue?«, fragte er.

Mit Yoyos Hilfe machte sich der Bücherwurm ans Werk, und tatsächlich schichtete die Maschine bald darauf kleine Wolken wunderbar weich zu einem Stapel auf. Doch als sich Doc Croc erschöpft niederlassen wollte, riss ihn die Maschine mit und wirbelte ihn herum.

»Hilfe, ich werde durchgemangelt«, rief er in Panik. »Hilfe, Hilfe, Hilfe, helft mir doch!«

Yoyo schaffte es nicht, ihn zu befreien, sondern wurde ebenfalls von der Maschine mitgerissen. Schließlich spuckte sie die beiden Freunde in hohem Bogen auf das Dach des Häuschens.

Marie hatte von all dem nichts mitbekommen und ruhte sich erneut auf einer Wolke aus. Plötzlich stand Frau Holle vor ihr. Das Mädchen schreckte hoch. »Oh, Frau Holle, was für eine Überraschung. Ich, äh, bin wohl gestürzt, und, äh, ich war so erschöpft. Dann bin ich eingeschlafen.« Sie bemerkte, dass Frau Holle sie mit ernster Miene betrachtete. »Stimmt was nicht?«, fragte sie.

»Alles in Ordnung, Marie«, sagte Frau Holle da wieder freundlich. »Und stell dir vor, du darfst zurück nach Hause.«

»Wirklich?« Marie freute sich.

»Es wird Zeit für deine gerechte Belohnung«, sagte Frau Holle.

Yoyo und Doc Croc hatten vom Dach der Hütte aus alles mit angesehen. »Ich bin so froh, dass es vorbei ist«, sagte Yoyo.

Bald darauf standen die beiden Freunde und das Mädchen vor dem geschmückten Torbogen.

»Deine Belohnung wartet bereits auf dich«, sagte Frau Holle und reichte Marie einen Eimer. Das Mädchen schaute das Geschenk enttäuscht an. Frau Holle ließ ihr jedoch keine Zeit zum Grübeln. »Geh jetzt durch das Tor, und dort wird dein Eimer gefüllt werden«, sagte sie, und Marie quiekte vor Freude laut auf.

Doch dieses Mal regnete es kein Gold vom Himmel, als sie durch das Tor schritten, stattdessen wurde alles um sie herum schwarz. Kein Gold, sondern Pech fiel vom Himmel, klebriges schwarzes Pech. Yoyo und Doc Croc hatten noch rechtzeitig einen Regenschirm aufgespannt, Marie aber wurde über und über vom Pech getroffen.

Als sie zum Haus der Mutter zurückkam, wollte der Hahn loskrähen. Marie verbot ihm schnell das Wort.

»›Jeder bekommt, was er verdient‹, hat Frau Holle gesagt. Das ist also die Belohnung!«, sagte sie traurig zu sich selbst.

Da trat ihre Schwester mit einer Schüssel voller Äpfel aus dem Haus.

»Ich weiß, was du jetzt sagen wirst«, sagte Marie.

Anna hielt ihr nur einen Apfel hin. »Willst du?«, fragte sie.

Marie ging ihr entgegen und schnupperte an dem köstlich duftenden Obst. Plötzlich begann sie zu lächeln. »Das soll mir eine Lehre sein«, sagte sie und lachte Anna zu. »Danke, liebe Schwester.«

Yoyo und Doc Croc hatten die beiden beobachtet. Sie waren sehr zufrieden, dass die Schwestern sich vertragen hatten. Anna beugte sich zu ihnen herunter. »Danke noch mal für eure Hilfe«, sagte sie.

»Wir helfen immer gern«, antwortete Yoyo bescheiden.

Die Mutter kam aus dem Haus und schloss ihre Töchter glücklich in die Arme. Ihr größter Wunsch war in Erfüllung gegangen: Die beiden Mädchen hatten sich versöhnt.

»Ich glaube, es wird langsam Zeit, sich zu verabschieden«, sagte Doc Croc.

Die beiden Freunde blickten zum Himmel. »*Simsa ... Simsala ... Simsala-Grimm*«, riefen sie. Und da kam das Märchenbuch auch schon angeflogen und brachte sie nach Hause.

Und wenn sie nicht gestorben sind, dann leben sie noch heute.

Vor langer, langer Zeit, als Wunder noch Wirklichkeit waren, gab es eine Zauberformel, die die Tore in das Märchenland von Simsala öffnete, jenem magischen Ort, an dem all die berühmten Helden leben und alle Märchen ihr Zuhause haben: *Abrakadabra, SimsalaGrimm*.

Auf dem Dachboden in einem alten Haus lag auf einem verstaubten Regal ein dickes Buch. Es war ein ganz besonderes Buch, eines, das Geschichten zum Leben erweckte. Es kannte die magische Zauberformel. Ganz von selbst flog es los zu Doc Croc, dem klugen, schüchternen Bücherwurm, und dem vorwitzigen Yoyo.

»Seid ihr bereit für ein neues Abenteuer?«, fragte das Buch.

Die beiden Freunde jubelten. »Na klar sind wir das! Und ob!« Sie sprangen vor Freude los, rutschten aber aus und fielen vom Regal. »Uuuuiiuiui!«, schrien sie. »Aaaaahhhh! Vorsicht!«

Da fing das weit aufgeschlagene Märchenbuch sie auf und erhob sich mit ihnen wie ein fliegender Teppich in die Lüfte.

Gemeinsam durchquerten sie Zeit und Raum, bis sie zu einem wunderschönen Schloss gelangten. Dort warf das Buch die beiden Freunde in hohem Bogen über dem Dach ab. Mit einem lauten Schrei rutschten die beiden den Schornstein hinunter und landeten platschend in einem großen Kupferkessel, der mit Suppe gefüllt war.

»Kalte Suppe, boah«, stöhnte Doc Croc, als er prustend wieder auftauchte.

Yoyo hielt sich am Kesselrand fest. »Kalter Eintopf. Igitt«, rief er. Schnell machten sich die beiden Freunde daran, aus dem Topf herauszukommen. Als sie aufsahen, erschraken sie: Direkt vor ihnen in der Schlossküche stand der Koch mit erhobener Hand, so als wolle er im nächsten Moment auf sie losgehen.

»Bitte schlag mich nicht«, jammerte Doc Croc ängstlich, doch Yoyo beruhigte ihn.

»Ist schon okay, Croci. Der meint dich ja gar nicht.«

Und tatsächlich: Vor dem Koch stand ein Küchenjunge, der gerade von einem Kuchenstück naschen wollte. Der Koch sah ihn wütend an. Doch weder er noch der Junge rührten sich. Beide schienen völlig erstarrt zu sein, wie Puppen.

»Vielleicht sind wir in einem Wachsfigurenkabinett gelandet«, überlegte Doc Croc.

»Oder die sind alle tot«, sagte Yoyo.

Doc Croc kletterte auf den Koch hinauf und hielt ihm seine Brille vor den Mund. Die Gläser beschlugen. »Der hier atmet aber noch«, sagte Doc Croc. Er blickte sich in der Schlossküche um und entdeckte noch mehr Menschen, die bewegungslos herumstanden. »Weißt du was? Ich glaube, die sind alle verzaubert.«

Yoyo schüttelte ungläubig den Kopf. »Du hast deine Nase zu lange in das Zauberbuch gesteckt«, sagte er zu seinem Freund. »Ist doch völlig klar, dass die alle schlafen.«

Yoyo und Doc Croc verließen die Küche und liefen weiter durch das Schloss. Alle Menschen, auf die sie trafen, standen bewegungslos herum. Selbst die Wachen vor dem großen Tor waren wie erstarrt. Schliefen sie? Oder waren sie tatsächlich verzaubert?

Mit viel Mühe öffneten die beiden Freunde das große Tor. Dahinter lag der Festsaal. Am Tisch saßen viele Leute. Auch sie waren erstarrt, genau wie die Diener und Musiker im Saal.

»Mann, sieh dir das an, Croci«, sagte Yoyo.

»Oho. Die müssen mit einem Zauberbann belegt worden sein – und zwar alle im selben Moment«, antwortete Doc Croc.

Yoyo kletterte auf den Tisch und sah sich die Leute genauer an. »Ich hasse es, nicht mit dir einer Meinung zu sein«, sagte er nach einer Weile. »Aber diese Menschen schlafen, und zwar eindeutig.«

Als die beiden in den Schlossgarten liefen, sahen sie, dass das gesamte Schloss von einer riesigen Dornenhecke überwuchert war.

»Du, Croci, ich glaube, die Gärtner sind zuerst eingeschlafen. Das ist ja ein gewaltiger Dornbusch«, sagte Yoyo.

Auch Doc Croc staunte. »Oho. Der ist bis zur Turmspitze gewachsen.«

Yoyo berührte eine der Dornen und zuckte zurück: Die Dornen waren scharf wie Rasierklingen. Auch Doc Croc hielt sich die schmerzende Hand. »Autsch, autsch! Also, ich muss sagen: Dieses Schloss ist das reinste Gefängnis.«

Yoyo verließ die Geduld. »Ich weiß nicht, warum die schlafen. Aber es wird langsam Zeit, sie aufzuwecken«, sagte er und begann, lautstark auf einen Topfdeckel zu schlagen. »Aufgewacht, aufgewacht! Los, ihr sollt alle aufwachen!« Er stellte sich vor einen bewegungslosen jungen Mann, der eine Schreibfeder und ein Buch in der Hand hielt. »Na, mach schon, du müder Dichter – lass ein paar Verse sprudeln. Buh.« Doch nichts geschah.

Doc Croc blätterte in einem Buch. »Vielleicht ist es ein seltenes Virus, das eine akute Lähmung hervorruft und zu einem völligen Versagen der Stirnlappen des Großhirns führt.«

Das war für Yoyo zu kompliziert. »Vielleicht ist es auch einfach nur unheimlich. Kann mir jemand mal sagen, was hier eigentlich los ist?«, rief er, und sein Rufen hallte laut als Echo durch das Schloss. Niemand aber wachte auf.

Nur ein paar Vögel hatten Yoyo von außerhalb des Schlosses gehört und kamen aufgeregt angeflogen. Sie ließen sich auf der Schlossmauer nieder und begannen zu singen:

»Seit hundert Jahren liegt alles im Schloss tief im Schlaf –
tief im Schlaf.
Seit ewigen Zeiten kein Lachen, kein Singen, kein Spaß –
nur noch Schlaf.
Die schöne Prinzessin wird seit jenen Tagen nur noch Dornröschen genannt.
Und ist wie 'ne Rose, von Dornen umgeben, in ewigen Schlaf verbannt.«

»Das schlafende Dornröschen? Wer bitte ist Dornröschen?«, fragte Doc Croc verwirrt, als sie geendet hatten.

»Und wo können wir sie finden?«, wollte Yoyo wissen.

Die Vögel wussten Bescheid. »Dornröschen ist die wunderschöne Tochter des Königs, und ihr findet sie im Turmzimmer. Wenn ihr noch mehr wissen wollt, müsst ihr die Fee Bianca fragen.«

Da ließen sich Yoyo und Doc Croc nicht lange bitten und hasteten die Treppen hinauf zum Turmzimmer. In einem Himmelbett fanden sie ein schlafendes Mädchen mit langem Haar und einem Krönchen auf dem Kopf.

»Du meine Güte – ist die schön. Ist sie nicht wunderschön, Croci?«, fragte Yoyo.

»Schön ist gar kein Ausdruck. So was Schönes habe ich noch nie gesehen«, sagte Doc Croc.

Da entdeckte Yoyo das Blut unter der Hand des Mädchens. »Oh, sie hat sich in den Finger gestochen«, sagte er

»Ja. Und ich glaube, ich weiß auch, womit.« Doc Croc sah zu einer Spindel, mit der man Wolle spinnen konnte.

»Mein wunderschönes Fräulein, bitte wacht auf«, flehte Yoyo, doch Doc Croc schüttelte nur den Kopf.

»Ich glaube, damit kannst du sie nicht aufwecken, Yoyo. Wir müssen uns aufmachen und diese Fee Bianca suchen.«

Yoyo war einverstanden. Er fragte die Vögel, wo sie die Fee finden konnten.

»Sie lebt tief im Wald«, zwitscherten die Vögel.

»Los, Croci. Worauf warten wir noch?«, rief Yoyo. Doch Doc Croc überlegte noch. Sie waren von dem Zauberbuch über dem Schloss abgeworfen worden. Wie aber sollten sie nun in den Wald kommen?

Als Yoyo hinter der Schlossmauer eine Kanone entdeckte, kam ihm eine Idee.

»Hast du zufällig Schwarzpulver in deiner Tasche?«, fragte er.

Doc Croc reichte ihm einen Beutel und sah seinen Freund skeptisch an. »Oh, Yoyo. Ich habe auf einmal ein ganz komisches Gefühl in der Magengegend«, sagte er.

»Wird schon alles gut gehen«, beruhigte Yoyo ihn, füllte das Schwarzpulver in die Kanone, zündete ein Streichholz an und hielt es an die Lunte.

»Komm her, beeil dich«, rief er, als die Lunte zu brennen begann. Zögerlich kletterte Doc Croc zu Yoyo. Gleich darauf flogen die beiden mit lautem Knall auf der Kanonenkugel durch die Lüfte.

Schreiend klammerten sie sich an der Kugel fest, bis sie an einem Baum hängen blieben.

»Hilfe!«, kreischte Yoyo und baumelte an einem Ast.

»Nie wieder«, sagte Doc Croc, der sich an einem Zweig festkrallte. »Wenn du das nächste Mal zu mir sagst, es wird alles gut gehen, dann …«

Yoyo unterbrach ihn. »Pst. Sei doch mal ruhig. Hörst du

das?« Aus der Ferne erklang Musik. Die beiden kletterten etwas tiefer, um besser hören zu können.

Auf einem dicken Arzt saß ein schöner junger Prinz mit einer Laute und einem Schwert und sang.

»Dornröschen wird sie stets genannt. Des König schönes Kind.
Ein Mädchen aus der Märchenwelt, in der die Träume sind.
Ich wünscht' mir so, du wärst bei mir, auf diesem alten Baum.
Bist sicher nur ein Traum.«

Da konnte Yoyo nicht mehr an sich halten. »Nein, sie gibt es wirklich«, rief er und rutschte mit Doc Croc nach unten. Der Prinz sah die beiden erstaunt an.

»Wer seid ihr?«, fragte er.

»Erlaubt mir, dass ich mich vorstelle«, sagte Yoyo. »Ich bin Yoyo, der Held der tausend Abenteuer seit … na ja, eigentlich schon immer.«

»Und ich bin Croc, Dr. Croc. Naturwissenschaftler, Privatgelehrter, Forscher und …«

Der Prinz wurde ungeduldig. »Jaja, freut mich, euch kennenzulernen«, sagte er. »Aber was habt ihr gesagt? Ihr habt wirklich Dornröschen gesehen?«

»Wir standen direkt vor ihr, so wie jetzt vor dir«, sagte Yoyo.

»Von Angesicht zu Angesicht«, bestätigte Doc Croc. »Wir kommen direkt von ihr aus dem Schloss hinter diesen Dornen.«

Der Prinz sprang jubelnd in die Höhe. »Juhu, also ist es wahr, und meine weite Reise hat sich gelohnt!«

»Was für eine Reise meinst du?«, fragte Doc Croc.

»Entschuldigt bitte«, sagte der Prinz. »Ich bin Prinz Berthold und komme aus dem Königreich, das hinter diesen Bergen liegt. Ich habe nach diesem sagenumwobenen Dornröschen viele Jahre lang gesucht, aber niemand konnte mir sagen, ob es sie überhaupt gibt.«

»Klar gibt es sie«, sagte Yoyo. »Aber die Sache hat einen Haken.«

»Über dem ganzen Schloss liegt ein Zauberbann«, erklärte Doc Croc.

»Und nur die Fee Bianca weiß, wie man diesen Bann lösen kann«, fügte Yoyo hinzu.

Als der Prinz das hörte, brach er sofort auf, um die Fee zu suchen. Doc Croc und Yoyo schafften es kaum, mit ihm Schritt zu halten. Sie fragten sich, ob er eigentlich wusste, wo er hinlief.

Da sagte der Prinz:

»Tief im dunklen Wald, da liegen still verborgene Seen.
An diesem Ort, so sagt man, baden gerne die Feen.

Hier entlang – folgt mir.«

Die beiden Freunde sahen sich an. »Hey, Yoyo, sag mal: Glaubst du, er hält das etwa für Dichtung?«, flüsterte Doc Croc.

Yoyo nickte. »Ja, aber sei bloß still. Er ist wohl noch in der Ausbildung.«

Als sie an einem Wasserfall ankamen, blieb der Prinz stehen. Hier, so meinte er, müsse die Fee Bianca zu finden sein. Und tatsächlich versiegte das Wasser für einen Augenblick, und eine kleine schwarze Gestalt sprang heraus. Sie wirkte unheilvoll.

»Glaubst du etwa, das ist die Fee Bianca?«, fragte Yoyo skeptisch.

»Für mich sieht sie eher wie eine Schwarze Witwe aus«, sagte Doc Croc.

Da machte die Fee etwas Seltsames. »Pepito, mein hübsches Libellchen, komm«, rief sie, worauf eine bunte Libelle angeflogen kam.

»Trag mich durch die Lüfte, schnell wie der Wind,
zu dem Dornenschloss geschwind.
Damit ich mit eigenen Augen prüf' und seh',
ob alles noch schläft wie eh und je.

Hahaha.«

Die Libelle wirbelte herum und wuchs und wuchs beinahe mannsgroß, bis sich die Fee auf sie hinaufschwingen und davonfliegen konnte. Im gleichen Moment begann der Wasserfall wieder zu strömen.

Die beiden Freunde stöhnten auf, doch sie hatten keine Wahl. Da sie vermuteten, dass sich hinter dem Wasserfall ein geheimes Versteck verbarg, stürzten sie sich durch die Fluten des Wasserfalls hindurch. Der Prinz folgte ihnen.

Tatsächlich standen die drei gleich darauf tropfend nass in einer von Kerzen beleuchteten Grotte. Zwischen alten Büchern und Totenköpfen stand ein Käfig, der mit einem Tuch zugedeckt war. Yoyo ging darauf zu und zog das Tuch weg.

In dem Käfig saß eine große braune Eule. »Hu, tu-hu, tu-hu«, machte sie.

Yoyo war enttäuscht. »Da ist nur eine klapprige alte Eule. Von Bianca keine Spur. Gehen wir.«

Doch als er sich abwandte, hörte er hinter sich eine klägliche Stimme. »Nein, warte bitte«, rief die Eule. »Ich bin's, ich bin Bianca. Oder besser gesagt, ich war es, bevor Gorgona mich in das hier verwandelt hat. Huhu.« Sie klapperte mit den Augen. »Würde jemand von euch so nett sein und mich hier rauslassen? Der Schlüssel hängt da drüben an der Wand. Huhu.«

Während der Prinz den Schlüssel holte und den Käfig aufschloss, fragte Yoyo die Eule, was damals im Schloss geschehen war. Sie flog glücklich aus ihrem Gefängnis und ließ sich auf dem Käfig nieder. Auf ihrem Kopf baumelte ein Feenhut.

»Die ganze Geschichte hat damals angefangen, kurz nachdem Dornröschen geboren war. Alle waren sehr glücklich über die Geburt des kleinen Mädchens und sprachen davon, dass sie so wunderschön war wie ihre Mutter. Ich war die gute Fee, die auf das neugeborene Prinzesschen aufpassen sollte. Zur Taufe von

Dornröschen wurden alle bedeutenden Leute des Reiches eingeladen. Alle, nur eine nicht: die böse Fee Gorgona.

Als Gorgona davon erfuhr, wurde sie sehr böse. ›Was sehe ich?‹, rief sie erzürnt. ›Das große Fest findet tatsächlich ohne mich statt. Keine Einladung, kein herzliches Willkommen. Dabei bin ich doch die Fee, die die größten magischen Kräfte im ganzen Land besitzt. Tja, dann wollen wir doch mal sehen, wie wir diese dumme Angelegenheit bereinigen können, nicht wahr?‹ Sie breitete ihre Flügel aus und sauste über die Festgesellschaft hinweg. Dann rief sie: ›Ich belege dich mit einem Fluch, Dornröschen. Hiermit verkündige ich euch allen: Genau an dem Tage, an dem sie siebzehn Jahre alt wird, soll sich Dornröschen an einer spitzen Spindel stechen und sterben.‹ Das Königspaar, der Hofstaat und alle Gäste begannen aufgeregt zu schreien. Gorgona aber lachte nur.

Auch wenn ich die gute Fee war und auf Dornröschen aufpassen sollte, war es mir unmöglich, den Fluch wieder vollständig von ihr zu nehmen. Doch es gelang mir wenigstens, ihn ein bisschen abzumildern. Ich rief: ›Du wirst nicht sterben! Wenn du dich an deinem siebzehnten Geburtstag in den Finger stichst, dann wirst du in einen tiefen Schlaf fallen, der hundert Jahre dauern wird.‹ Wieder schrien alle entsetzt auf. ›Nein, wie schrecklich‹, jammerte die Königin. ›Das ist ja furchtbar – hundert Jahre.‹ Mehr aber konnte ich nicht für das Kind tun.

Die Jahre gingen ins Land, und aus dem Kind wurde ein kleines Mädchen. Aus dem kleinen Mädchen wurde eine junge hübsche Frau, die sehr neugierig war. Und dann kam alles so, wie es kommen musste. An ihrem siebzehnten Geburtstag, während alles im Schloss feierte, machte sich Dornröschen auf, den alten Schlossturm zu erforschen, wo oben schon die böse Gorgona auf sie wartete –

in Gestalt einer Spinnerin. Sie lockte das Mädchen heran und sorgte dafür, dass es sich mit der Spindel in den Finger stach. Gleich darauf fiel Dornröchen in den Schlaf, der hundert Jahre anhalten sollte.«

»Und alle im Schloss schliefen mit ihr zusammen ein?«, fragte Yoyo, und die Eule nickte.

»Du hast getan, was du konntest, Bianca«, sagte der Prinz und strich ihr über das Gefieder. »Aber sag mir, was kann man tun, um den Fluch aufzuheben?«

»Gar nichts, fürchte ich«, sagte sie traurig, als ihr etwas einfiel. »Es sei denn, die unsterbliche und übergroße Liebe eines Prinzen befreit sie.«

»Mann, wenn ich doch nur ein Prinz wäre«, stöhnte Yoyo, aber Doc Croc schüttelte nur den Kopf.

»Was redest du eigentlich für einen Blödsinn? Wir haben doch einen Prinzen. Genau hier.« Er zeigte auf Prinz Berthold.

»Du bist ein Prinz?«, fragte die Eule erstaunt.

Er sprang auf. »Zu Ihren Diensten, verehrte Dame.«

Yoyo wollte sofort zum Schloss zurückkehren, doch die Eule hatte noch einen Einwand. »Wartet. Einen Moment noch. Prinz, ist dir klar, dass gute Absichten allein nicht ausreichen? Nur die wahre Liebe kann den Zauberbann lösen. Huhu.«

Yoyo winkte ab. »Hör zu, der Junge ist doch hin und weg. Er ist bis über beide Ohren in sie verknallt.«

Der Prinz nickte. »Selbstverständlich kann ich nicht für Dornröschen sprechen, aber schon jetzt weiß ich, dass mein Herz voll wahrer Liebe zu ihr zerfließt.«

Da bat die Eule, dass man ihr ein Tuch vom Boden reiche. Sie streifte sich das Tuch über, und weil es ein magischer Schleier war, wirbelte sie damit herum, bis es rosa Funken sprühte. Als sie wieder zum Stillstand kam, war die Eule verschwunden, und Fee Bianca stand vor ihnen.

Der Prinz und die beiden Freunde klatschten begeistert in die Hände. »Bravo«, riefen sie.

Dann machten sich die Fee, der Prinz, Yoyo und Doc Croc auf den langen Weg zurück zum Schloss. Bald schon erreichten sie den Schlossgraben. Er fiel steil nach unten herab und war von Dornengestrüpp überwuchert.

»Oh, sieht aus, als wären wir falsch abgebogen«, sagte Doc Croc.

»Nein, das hier ist die Stelle, wo der Prinz seinen Mut beweisen muss«, sagte Fee Bianca. »Wenn seine Liebe groß genug ist, werden die Dornen vor ihm zurückweichen.«

Yoyo bot sich an, die Aufgabe zu übernehmen und in den Graben zu springen, doch der Prinz hielt ihn zurück. »Du bist ein tapferer und ritterlicher Freund, Yoyo. Aber das ist meine Aufgabe. Ich allein muss es tun.«

Mutig trat der Prinz an den Rand der Schlucht und sprang in hohem Bogen tief hinab. Und es kam, wie die Fee prophezeit hatte, und die Dornen wichen vor ihm zurück. Prinz Berthold landete im klaren Wasser.

Doc Croc und Fee Bianca jubelten. Plötzlich begann alles um sie herum zu glitzern und zu knistern. Das gesamte Dornengestrüpp verschwand wie von Zauberhand vom Schloss, bis die alten Mauern wieder völlig frei dalagen.

Die böse Fee Gorgona, die auf ihrer Libelle über dem Schloss kreiste, zuckte entsetzt zusammen. »Meine Dornen! Wo sind sie? Was ist mit meinem wunderschönen Meisterwerk geschehen? Na wartet. Ihr werdet euer blaues Wunder erleben. Los!« Sie raste in schnellem Tempo auf das Schloss zu.

Die beiden Freunde und die Fee hatten von Gorgonas Drohungen nichts mitbekommen und hatten dem Prinzen aus dem Graben geholfen. Sie machten sich mit ihm zum Schloss auf. Die Zugbrücke senkte sich, und glückselig singend schritt der Prinz hinüber:

*»Das Ziel meiner Träume,
zum Greifen ist es nah.
Ich fühle es im Herzen,
Dornröschen, sie ist da.«*

»Wir haben jetzt keine Zeit zum Dichten«, sagte Fee Bianca. »Wir müssen uns beeilen.«

Doc Croc und Yoyo aber hatten ein komisches Gefühl. Liefen sie vielleicht in eine Falle? Gerade, als sie dem Prinzen und der Fee ins Schloss folgen wollten, flog die Zugbrücke hoch. Die beiden Freunde baumelten in der Luft.

»Kurz bevor die Zugbrücke ganz oben ist, springen wir«, rief Doc Croc. In letzter Sekunde machten die beiden einen Satz aufs Dach.

Von dort konnten sie mit ansehen, wie die böse Fee Gorgona mit Bianca und dem Prinzen sprach.

»Was? Hast du etwa gedacht, du könntest den Zauberbann wieder lösen, Bianca?«, rief sie. »Tja, ich fürchte, daraus wird leider nichts.« Gorgona rief ihre Libelle, ließ sich auf ihr nieder und raste aus der Luft auf den Prinzen zu. »Was willst du jetzt tun, mein hübsches Prinzlein? Willst du mich mit deiner Laute erschlagen? Willst du es etwa auf die harte Tour, du schmächtiges Bürschlein? Von mir aus«, höhnte sie. »Töte ihn, Pepito! Töte ihn! Haha.«

Der Prinz stellte sich ihr mit seinem Schwert entgegen, doch die böse Fee lachte nur.

Glücklicherweise hatte sie Yoyo und Doc Croc noch nicht entdeckt. Ungesehen konnten sie vom Dach herunterspringen. Sie landeten auf der Libelle und rissen sie mit Gorgona zu Boden. Der schwarze Umhang der Fee legte sich ihr dabei so über die Augen, dass sie nichts mehr sehen konnte. Prinz Berthold und Fee Bianca nutzten die Gelegenheit, zum Turm hinaufzueilen.

Als Gorgona wieder etwas sehen konnte, waren sie verschwunden. Doc Croc und Yoyo waren der bösen Fee jedoch hilflos ausgeliefert. Wie von Sinnen schleuderte sie ihnen einen Zauberspruch entgegen.

»Ich zaubere herbei eine zweite Libelle.
Die zwickt und beißt und frisst euch auf der Stelle.
Ein Teufelstier, so groß und grauenhaft.
Es komme herbei und saugt euch aus den Lebenssaft.«

Währenddessen hatte der Prinz das Turmzimmer erreicht. Glückselig betrachtete er das Mädchen, das dort lag und schlief. »Oh, dein Liebreiz ist größer, als ich je zu träumen wagte, Dornröschen. Und größer, als der beste Dichter ihn beschreiben könnte.«

Bianca folgte ihm atemlos und fragte ihn, ob er Dornröschen schon einen Kuss gegeben habe, denn nur so ließe sich der Fluch aufheben. Doch der Prinz war schüchtern. Er schlug vor, erst einmal ein Lied für sie zu singen.

Bianca war entsetzt. »Sie braucht jetzt kein Lied. Du musst sie auf der Stelle küssen!«

»Wohin denn?«, fragte der Prinz nervös. »Auf die Stirn?«

»Nein!«, rief Bianca.

»Oder auf die Nase? Wie wär's mit ihrer Wange?«

»Der Himmel verschone mich«, stöhnte sie. »Was bringt man euch Prinzen heutzutage eigentlich bei? Auf die Lippen, du Knallkopf.«

In diesem Moment tauchte Gorgona auf ihrer Libelle vor dem Fenster auf. Die Zeit drängte. In letzter Sekunde senkte der Prinz seine Lippen auf den Mund von Dornröschen. Im selben Moment verwandelte sich die Libelle der bösen Fee wieder auf ihre normale Größe zurück, und Gorgona fiel in die Tiefe – direkt vor die Füße von Yoyo und Doc Croc. Bianca schwebte vom Turm zu ihnen herunter, nahm ihren magischen Schleier ab und warf ihn über die böse Fee.

Mit einem Knall war Gorgona verschwunden. Vor Bianca saß eine schwarze Eule in einem Vogelkäfig.

Nun geschah alles auf einmal. Die Wächter pfiffen einer Dienstmagd hinterher, der Gärtner reckte und streckte sich, und der junge Dichter begann zu schreiben. Alle Menschen schienen aus ihrem Zauberschlaf erwacht zu sein.

»Irgendwas sagt mir, dass im Turm alles gut gelaufen sein muss«, meinte Yoyo strahlend. Eilig hopsten die Freunde nach oben.

Im Turmzimmer wachte Dornröschen langsam auf. Der Prinz war über sie gebeugt und küsste sie noch immer. Es war, als ob er nicht mehr damit aufhören konnte. Dornröschen sah ihn lange an.

»Wer bist du?«, fragte sie schließlich.

»Er heißt Berthold, mein liebes Dornröschen«, antwortete Bianca.

»Und er ist ein Prinz«, ergänzte Doc Croc.

»Und wer sind die?«, fragte Dornröschen.

»Gute Freunde, meine Liebe«, erklärte Bianca. »Du hast eine sehr, sehr lange Zeit geschlafen.«

»Ja, das Gefühl habe ich auch«, sagte Dornröschen und streckte sich. »Und wie lange genau?« Und Bianca antwortete, sie habe viele Jahre geschlafen.

Dornröschen sah sie entsetzt an. »Viele Jahre? Aber das heißt ja, ich bin jetzt …«

Der Prinz unterbrach sie:

»Du bist so liebreizend und schön,
dass kein Mann auf der Welt dir widersteht
und zu Füßen dir fällt.
Er gebe sein Leben für einen Kuss so heiß,
das wäre für ihn, für ihn, für ihn …«

Er kam mit seinem Reim nicht weiter.

»*… so schön wie im – Paradeis …*«, half Doc Croc unbeholfen aus, und der Prinz nickte dankbar.

»Dass du wieder aufgewacht bist, verdankst du nur dem Mut dieses jungen Prinzen, meine Liebe«, sagte Bianca.

Dornröschen sah Berthold mit großen Augen an. »Ach, wie kann ich euch nur dafür danken, mein edler Herr?«, fragte sie.

Der Prinz nahm ihre Hände in seine. »Die Ehre war mir Dank genug, edle Dame.«

Doch Dornröschen hatte eine andere Idee. »Sag mir doch, Bianca, glaubst du, meine Eltern werden den Prinzen auch gernhaben?«

»Mach dir keine Sorgen«, sagte Bianca strahlend. »Wenn sie an die Liebe auf den ersten Blick glauben, dann bin ich mir ganz sicher.«

Während sich Dornröschen und Prinz Berthold tief in die Augen sahen, erwachte nach und nach das ganze Schloss zum Leben. Auch in der Küche nahmen alle wieder die Arbeit auf.

»Eier, ich brauche noch mehr Eier«, rief der Koch. »Schnell. Was ist denn, sind die Pasteten endlich fertig? Los, Leute, beeilt euch, die Gäste haben einen mordsmäßigen Hunger.«

»Der König hat schon nach dem Geburtstagskuchen verlangt!«, rief die Bäckerin, die gerade dabei war, Teig auszurollen. Gleichzeitig bekam der Küchenjunge eine Ohrfeige, weil er ein Stück Kuchen stibitzt hatte.

Im Festsaal saßen der König und die Königin mit ihren Gästen. Sie wollten den siebzehnten Geburtstag ihrer Tochter feiern, doch der Platz des Mädchens war leer.

»Liebes, wo ist unsere Tochter? Es wird Zeit, den Kuchen anzuschneiden«, fragte der König besorgt.

»Du weißt doch, wie neugierig unser Dornröschen ist«, beruhigte ihn die Königin. »Wahrscheinlich ist sie wieder irgendwo auf Entdeckungsreise.« Doch weil der König nicht mehr warten wollte, machten sich alle auf die Suche. »Liebling! Wo bist du denn?«, rief die Königin. »Wo bleibst du? Du musst deinen Geburtstagskuchen anschneiden.«

Endlich erschien die Tochter auf dem Balkon. »Ich komme sofort herunter, Vater«, sagte sie. Dann zog sie den Prinzen zu sich, der sich vorher verborgen hatte. »Ich habe hier noch einen Gast bei mir. Darf er mitfeiern?«

Der König strahlte. »Natürlich, mein Schatz. Aber beeil dich. Alle warten auf dich.«

Doc Croc und Yoyo sahen sich an. »Unsere Arbeit ist getan«, sagte Doc Croc. »Leute, klatscht in die Hände.«

»Komm, wir rufen das Buch«, sagte Yoyo. »Die Geschichte ist zu Ende.«

»*Simsa … Simsala … SimsalaGrimm*«, riefen beide zusammen, und es dauerte nicht lange, bis das Zauberbuch angeflogen kam. Yoyo und Doc Croc ließen sich darauf nieder und flogen los. »Juhu. Viel Glück, Prinzessin!«, rief Yoyo, und der Prinz und das Dornröschen winkten ihnen nach.

Und wenn sie nicht gestorben sind, dann leben sie noch heute.

Vor langer, langer Zeit, als Wunder noch Wirklichkeit waren, gab es eine Zauberformel, die die Tore in das Märchenland von Simsala öffnete, jenem magischen Ort, an dem all die berühmten Helden leben und alle Märchen ihr Zuhause haben: *Abrakadabra, SimsalaGrimm*.

Auf dem Dachboden in einem alten Haus lag auf einem verstaubten Regal ein dickes Buch. Es war ein ganz besonderes Buch, eines, das Geschichten zum Leben erweckte. Es kannte die magische Zauberformel. Ganz von selbst flog es los zu Doc Croc, dem klugen, schüchternen Bücherwurm, und dem vorwitzigen Yoyo.

»Seid ihr bereit für ein neues Abenteuer?«, fragte das Buch.

Die beiden Freunde jubelten: »Na klar sind wir das! Und ob!« Sie sprangen vor Freude los, rutschten aber aus und fielen vom Regal. »Uuuuiiuiui!«, schrien sie. »Aaaaahhhh! Vorsicht!« Da fing das weit aufgeschlagene Märchenbuch sie auf und erhob sich mit ihnen wie ein fliegender Teppich in die Lüfte.

Gemeinsam durchquerten sie Zeit und Raum, bis sie über einen dichten Wald hinwegflogen. Das Buch warf sie ab, und die beiden wirbelten durch die Luft, bis sie an einem Ast hängen blieben.

»Oje, was machen wir jetzt?«, fragte Yoyo.

»Lass mich nachdenken«, antwortete Doc Croc und klammerte sich an Yoyos Bein. Als sein Blick durch die Bäume hindurch auf den Waldboden fiel, entdeckte er einen dicken Mann, der in einem leise dahinplätschernden Bach ein Bad nahm und dabei ein Lied trällerte. Seine Kleider hatte er an die Zweige eines Baumes gehängt.

Den Wolf aber, der mit wüstem Blick durch das Unterholz streifte, konnte Doc Croc nicht sehen.

Der Wolf begann plötzlich zu schnuppern. »Irgendwie riecht es hier recht ungewöhnlich. Fast wie … Mensch!« Er blickte umher, und seine Augen leuchteten auf, als er den Mann im Fluss erspähte. »Das muss mein Glückstag sein! Mensch war schon seit Ewigkeiten nicht mehr auf meinem Speiseplan.«

Doch gerade als der Wolf den nichts ahnenden Mann packen wollte, brach der Ast, an dem Yoyo und Doc Croc hingen, und die Freunde fielen laut kreischend vom Baum. Der Wolf zuckte zurück, fiel vor Schreck ins Wasser, und der Mann schwamm schreiend davon.

Da der Wolf schluckte und keuchte und es nicht selbst aus dem Fluss heraus schaffte, zogen die beiden Freunde ihn mit vereinten Kräften aus dem Wasser. Erst als er erschöpft am Ufer lag, betrachteten sie ihn genauer.

»Sag mal, Croci, ist das nicht ein Wolf?«, fragte Yoyo erschrocken, und schon nahmen die beiden die Beine in die Hand und rasten davon, so schnell sie konnten.

Ganz in der Nähe lief ein Mädchen singend durch den Wald:

*»Die Vöglein, Blümchen im Wiesengrund,
die Natur so schön und bunt.
Ich bin glücklich, freu mich über jedes Tier.
Ach, wie schön ist es hier!«*

Sie war so in ihr Lied vertieft, dass sie Doc Croc und Yoyo übersah, die auf der Flucht vor dem Wolf auf sie zurannten. Rums! Schon knallten die drei zusammen. Dabei fiel dem Mädchen die rote Mütze vom Kopf und landete auf Yoyo.

»Zu Hilfe, wer hat das Licht ausgeknipst?«, rief er. »Croci, bitte sag mir, dass mich der Wolf nicht gefressen hat!«

Das Mädchen zog ihm die Mütze von den Augen und sah ihn fragend an. »Welcher Wolf?«, wollte sie wissen. »Was sollte ein Wolf in dieser Gegend zu suchen haben? Und wer seid ihr?«

»Du hast bestimmt schon von uns gehört«, sagte Yoyo. »Ich bin Yoyo, der Held der tausend Abenteuer seit … eigentlich schon immer.«

»Und wenn ich mich dann mal vorstellen darf?« Doc Croc verbeugte sich. »Ich bin Croc, Doktor Croc. Forscher, Philosoph, Naturwissenschaftler …«

Das Mädchen lachte. »Das reicht, das reicht«, rief sie. »So ein ulkiges Pärchen wie euch zwei habe ich noch nie getroffen!«

»Was machst du bloß hier so allein im dunklen Wald?«, fragte Doc Croc.

»Ich bin auf dem Weg zu meiner Großmutter«, erklärte das Mädchen.

Doc Croc hob mahnend den Zeigefinger. »Aber hier ist es gefährlich«, warnte er. »Viel zu gefährlich für ein kleines Mädchen!«

»Kleines Mädchen?« Sie sah ihn empört an. »Ich bin Rotkäppchen, musst du wissen. Und ich fürchte mich vor überhaupt nichts.« Sie wandte sich ab.

»Es war nett, euch beide kennenzulernen, aber ich muss jetzt leider weiter. Lebt wohl!«

»Oje, sie ist ein wandelndes Mittagessen«, jammerte Doc Croc, als Rotkäppchen sich immer weiter entfernte. »Wir müssen ihr nach.«

»Und was dann, Croci? Etwa als Beilage enden?«, fragte Yoyo entsetzt.

»Sie ist ein hilfloses kleines Mädchen, Croci«, sagte Yoyo entrüstet. »Ihr zu helfen, ist Ehrensache.«

Und so beeilten sie sich, Rotkäppchen einzuholen.

Der Wolf hatte hinter einer dicken Eiche gehockt und alles mit angesehen. »Aha! Unsere kleine Vorspeise hat sich mit einer Hauptmahlzeit zusammengetan!«, brummte er erfreut und grinste breit.

Geschickt pflückte er die Kleidung des Mannes von den Bäumen und zog sie sich selbst über. Und siehe da: Gleich sah er mit Perücke, Hut und Degen fürwahr aus wie ein Edelmann. Er nahm eine Abkürzung durch den Wald, wartete, bis Rotkäppchen und die beiden Freunde näher kamen, und stolperte ihnen hinter einer Biegung direkt vor die Füße.

»Oh, entschuldigen Sie, mein Herr«, sagte das Mädchen und wich ein Stück zurück. »Ich hab Euch gar nicht gesehen.«

»Non, non, non«, antwortete der Wolf in gespieltem Französisch. »Ich muss mich entschuldigen. Was für eine leckere … nein, reizende Überraschung. Erlaubt, dass ich mich Euch vorstelle: Ich bin der Marquis de Luis Loup déguisé en Mouton.«

»Ein Marquis? Du meine Güte!« Rotkäppchen strahlte ihn mit großen Augen an. »Ich habe noch nie einen echten Marquis getroffen.«

»Aber nicht doch«, wehrte der Wolf ab. »Wir sind nur ganz gewöhnliche Leute, wie alle anderen auch. Und mit wem habe ich das Vergnügen?«

»Ich werde von allen Rotkäppchen genannt«, sagte sie schüchtern.

»Ah, enchanté!« Der Wolf nahm ihre Hand und küsste sie. »Mademoiselle Rotkäppchen!«

»Und das sind meine Freunde und Beschützer«, stellte sie jetzt die beiden Helden vor. »Yoyo und Doc Croc.« Sie flüsterte ihm zu: »Die beiden glauben, dass sich ein Wolf im Unterholz versteckt.«

Der Bösewicht lachte auf. »Ein Wolf? Wie entzückend! Aber wenn ich mir das erlauben darf: Diese beiden sind wohl nicht dazu geeignet, eine Dame zu beschützen. Erlaubt mir, Euch unter meinen persönlichen Schutz zu stellen. Als eins der Musketiere trage ich meinen Degen immer bei mir.« Er zeigte ihr die glänzende Klinge.

»Oh das wäre ganz reizend von Euch, Marquis, vielen Dank!« Rotkäppchen errötete.

Yoyo und Doc Croc sahen sich an. »Irgendetwas ist hier faul«, wisperte Doc Croc. »Ich traue dem Marquis keinen Meter.«

»Aber er ist ein Mann von Rang und Namen, Croci! Und ein Musketier. Mit ihm fühle ich mich viel sicherer als vorher«, sagte Yoyo erleichtert.

Doch sein Freund schüttelte den Kopf. »Ein Mann von Rang und Namen … Apropos Namen, das kam mir doch sehr seltsam vor …« Er zog ein Buch aus seiner Tasche, in der er stets alles mit sich trug, was er brauchen konnte, und begann darin zu blättern. »Wie gut, dass ich mein Französischwörterbuch dabeihabe.« Doc Croc überlegte einen Moment. »Wie nannte er sich doch? Louis Loup … Moment … Loup, männlich: bedeutet Wolf. Wolf!« Er sprang auf und umklammerte zitternd sein Buch. Er hatte begriffen, wer tatsächlich in den feinen Kleidern des Marquis steckte. »Du meine Güte! …« Er nahm all seinen Mut zusammen und rannte hinter den anderen her.

Rotkäppchen und der Wolf plauderten mittlerweile nett miteinander. »Ihr habt mich nach den Gefahren des Waldes gefragt, Mademoiselle«, sagte der Wolf gerade. »Und natürlich, die größte und furchterregendste Gefahr ist der Wolf. Ich habe schon so manchen gejagt und ihm mit meinem Degen den Garaus gemacht.«

Rotkäppchen sah ihn beeindruckt an. »Wie sieht so ein Wolf eigentlich aus?«, fragte sie.

Nun hüstelte der Wolf einen Moment, bevor er zu einer dicken Lüge ansetzte. »Wollen wir mal sehen. Ein Wolf ist ausgesprochen klein, aber dafür sehr lang. Er hat vier ganz winzige Stummelbeinchen, und seine langen, spitzen Ohren hängen komischerweise nach hinten. Dann hat er noch einen kurzen Stummelschwanz«, erfand er, und Rotkäppchen lachte bei der Vorstellung, der Wolf könne einem Dackel ähneln.

Während der Wolf sie immer tiefer in den Wald hineinführte, begegneten sie anderen Tieren wie Rehen und Hasen. Sobald diese den Wolf erblickten, rasten sie davon.

»Das ist aber merkwürdig, Marquis«, sagte sie nach einer Weile. »Es ist fast, als hätten die Tiere Angst vor Euch.«

»Nun, das ist doch selbstverständlich«, antwortete der Wolf. »Sie haben den Degen an meinem Gürtel entdeckt. Auch wissen sie, dass ich in dieser Gegend oft auf die Jagd gehe.« Und er ließ seine Klinge tanzen, dass es Yoyo und Doc Croc angst und bange wurde. »Was soll das!«, rief Yoyo. Doc Croc zog ihn zur Seite. Er musste seinem Freund unbedingt erzählen, was er herausgefunden hatte.

Rotkäppchen aber war beeindruckt. »Bravo, Marquis«, rief sie.

»Ach, das ist doch nichts Besonderes«, wehrte er ab. »Nur ein paar einfache Übungen.« Er schenkte ihr ein falsches Lächeln. »Wie wäre es denn, wenn wir eine kleine Rast einlegten?«, fragte er.

»Oh, ich würde sehr gerne, Marquis«, sagte sie. »Aber dieser Korb ist für meine kranke Großmutter. Sie wohnt allein im Wald, nicht weit von hier, und ich muss dringend zu ihr.«

Als der Wolf das hörte, grinste er und dachte bei sich: »Eine Großmutter! Du hast Vorspeise, Hauptspeise und jetzt auch noch einen Nachtisch!«

Laut sagte er: »Verzeihen Sie, Mademoiselle, ich habe Sie lange genug aufgehalten. Wenn Eure Großmutter krank ist, müsst Ihr natürlich schnell zu ihr eilen.« Er zeigte in den Wald hinein. »Wenn Ihr diesen Pfad nehmt, werdet Ihr umso schneller sein und sicher dort ankommen.«

Rotkäppchen schüttelte den Kopf. »Ich weiß nicht, das ist nicht der Weg, den ich sonst nehme.«

»Oh, aber er ist voller schöner bunter Blumen, die Ihr unbedingt für Eure kranke Großmutter pflücken solltet«, rief er. »Vertraut mir, meine Liebe.«

»Ihr seid freundlich und galant«, sagte Rotkäppchen. »Ich danke Euch. Kommt mit, ihr zwei, wir nehmen diesen Weg. Lebt wohl, Marquis.«

Der Wolf winkte ihr nach. »Sagen wir doch lieber: Auf Wiedersehen«, rief er boshaft und schleckte sich die Finger. Er hatte das Mädchen ausgetrickst, denn er wusste, dass er nun vor ihr am Haus der Großmutter sein würde, weil er den kürzeren Weg kannte.

In ihrem kleinen Haus auf der Waldlichtung saß die Großmutter im Lehnstuhl und strickte, als es an der Tür klopfte.

»Wer ist da?«, rief sie.

»Ich bin es, Großmutter, dein Rotkäppchen«, kam die Antwort. Doch es war der Wolf, der vor der Tür stand. Er hatte sich das rote Tuch des Edelmanns über den Kopf gelegt.

Die Großmutter spähte durchs Fenster.

»Oh ja, da bist du ja mit deiner süßen roten Mütze«, sagte sie lächelnd. »Komm herein, Kleines.« Sie öffnete die Tür und erschrak, als sie sah, dass dort nicht ihre Enkelin auf sie wartete. »Wer bist du? Und was willst du?«, rief sie aus.

»Wie ich schon sagte, ich bin dein liebes kleines Rotkäppchen«, flötete der Wolf. Dann änderte er seine Stimme und brüllte: »Und jetzt will ich dich fressen.« Und so laut die Großmutter auch um Hilfe schrie, niemand konnte ihr helfen.

Rotkäppchen und die beiden Freunde irrten derweil durch den Wald, sie hatten das Gefühl, im Kreis gelaufen zu sein.

»Aber warum sollte uns der Marquis wohl einen falschen Weg raten?«, wunderte sich Rotkäppchen. Doc Croc und Yoyo wechselten einen bangen Blick. Hatten sie wirklich recht mit ihrer Vermutung, der Marquis könne in Wirklichkeit der Wolf sein?

Während sie noch überlegten, was sie tun sollten, kamen drei Vögel angeflogen. Sie hatten mit angesehen, was sich im Haus der Großmutter abgespielt hatte, und begannen aufgeregt zu singen:

»Oje, oh Schreck, oh Graus!
Was geschah denn in Großmutters
   Haus?
Nichts ist, wie es war,
fürchterlich war, was in Großmutters
   Haus geschah.
Denn der böse Wolf war da!«

»Der Wolf?« Rotkäppchen erschrak, und auch die beiden Freunde zuckten entsetzt zusammen.

»Sah er aus wie ein Edelmann?«, fragte Doc Croc.

»Ja, er hatte sich verkleidet«, tschilpten die Vögel.

»Ich hab es doch gewusst«, sagte Doc Croc. »Mit dem Marquis war etwas faul!«

»Ich muss sofort zu Großmutter«, rief Rotkäppchen entsetzt, und alle rannten aufgeregt los.

Der Wolf hatte sein Mahl inzwischen beendet. Zufrieden beobachtete er durch das Fenster, wie Rotkäppchen und die beiden Freunde auf das Haus zuliefen. Gierig postierte er sich hinter der Tür.

»Hallo, mein kleiner Liebling, bist du das?«, rief er mit hoher Stimme.

»Ja, Großmutter, ich bin es!«, antwortete Rotkäppchen froh, und obwohl Yoyo und Doc Croc sie davon abhalten wollten, einzutreten, ließ sie sich nicht aufhalten. Hinter ihr aber knallte die Tür zu, sodass die beiden draußen bleiben mussten.

Rotkäppchen betrat das Schlafzimmer der Großmutter und sah erleichtert, dass die alte Dame im Bett lag. Und weil sie sehr gut zugedeckt war, bemerkte Rotkäppchen nicht, dass sich dort inzwischen der Wolf versteckte. »Oh, Großmutter, ich bin ja so froh, dich zu sehen. Ich hatte solche Angst, dass dich der Wolf gefressen hat.«

»Welcher Wolf denn?«, erklang es aus dem Bett. »Was redest du da für einen Unsinn? Komm zur Großmutter!«

»Oh, Großmutter! Du siehst furchtbar krank aus!«, rief das Mädchen. »Und verändert! Deine Ohren sind irgendwie länger.«

»Nun, so kann ich dich viel besser hören, mein Kind«, flüsterte der Wolf.

»Und deine Augen, Großmutter, warum sind die so groß?«

»Damit ich besser sehen kann, wie lecker, ähm, wie hübsch du geworden bist!«

Rotkäppchen trat näher ans Bett heran und nahm die Hand der Großmutter.

»Oh, deine Hände! Wie groß und behaart sie sind!«

»So kann ich dich viel besser schnappen … Ich meine, dich knuddeln, denn ich kuschel doch so furchtbar gern mit meinem Schätzchen.«

»Aber Großmutter, warum hast du einen so schrecklich großen Mund?«

Da riss der Wolf das Maul auf, so weit er konnte. »Damit ich dich besser fressen kann!«

Während der Wolf das Rotkäppchen verspeiste, versuchten Yoyo und Doc Croc verzweifelt, die Tür aufzubrechen. Als sie es endlich schafften, war es zu spät. Rotkäppchen und die Großmutter waren gefressen, und der Wolf baute sich so gefährlich vor ihnen auf, dass sie nur noch die Flucht ergreifen konnten.

»Wir müssen Hilfe holen«, rief Yoyo, als sie sich keuchend auf einer Waldlichtung ausruhten. »Aber wer kann uns helfen?«

Doc Croc überlegte. »Jeder Wald hat einen Jäger«, sagte er dann. »Du brauchst nur seine Aufmerksamkeit zu erregen.«

»Und wie machen wir das?«, wollte Yoyo wissen.

»Ich habe keine Ahnung.« Doc Croc schüttelte den Kopf. »Schließlich kann ich doch nicht an alles denken!«

»Kein Grund, kratzbürstig zu werden«, rief Yoyo. Doch dann kam ihm selbst eine Idee: Ganz laut begann er zu heulen wie ein Wolf.

Doc Croc hielt sich die Ohren zu: »Du weißt schon, dass das kein Brunftschrei sein soll?«, schimpfte er. »Jeden Moment könnten hier sämtliche Wölfe der Umgebung angelaufen kommen, um dich zu heiraten!«

»Vertrau mir, Croci, es wird funktionieren«, sagte Yoyo und setzte zum nächsten Schrei an.

Auf einmal blickte er in den Lauf einer Flinte. Es war der Jäger, und er war wütend. »Ich nehme an, ihr findet das witzig!«, brüllte er.

Doc Croc bibberte vor Schreck. »Wir können alles erklären!«, stotterte er. »Der Wolf ist im Haus der Großmutter. Wir glauben, dass er sie gefressen hat. Und Rotkäppchen auch!« Er holte tief Luft. »Deshalb wollten Yoyo und ich Hilfe holen. Und weil wir nicht wussten, wo Sie wohnen, haben wir beschlossen, Sie zu rufen. Denn wenn wir nicht bald etwas unternehmen, dann sind die beiden für immer verloren, verstehen Sie?«

»Ich hoffe für dich, dass du die Wahrheit sagst.« Und so rannten sie alle los, um Großmutter und Rotkäppchen zu retten.

Als der Jäger vorsichtig über die Schwelle des Hauses trat, entdeckte er etwas Rotes am Boden. »Rotkäppchens Mütze! Anscheinend hast du die Wahrheit gesagt!«, sagte er entsetzt.

»Armes, armes Rotkäppchen«, jammerte Yoyo.

»Ach, wären wir doch nur schneller hier gewesen«, schluchzte Doc Croc.

Doch der Jäger wollte nicht aufgeben. »Vielleicht ist es noch nicht zu spät«, sagte er. »Vielleicht finden wir das Biest noch irgendwo. Los, suchen wir ihn.«

Aber das Haus war leer.

Schließlich aber entdeckten sie den Wolf laut schnarchend im Dach

des Heuschobers. Der Jäger zückte sofort seine Flinte, doch Doc Croc hielt ihn zurück. »Warten Sie! Nicht schießen«, bat er.

»Wie bitte?« Der Jäger sah ihn fassungslos an. Glaubte der Bücherwurm etwa, dass Rotkäppchen und die Großmutter noch lebten?

»Ein Seil, ich brauche ein Seil«, sagte Doc Croc ohne weitere Erklärung. »Vertrauen Sie mir, ich bin Wissenschaftler, ich habe gute Ideen.«

Yoyo fand im Stall ein Seil, und gemeinsam kehrten sie zu dem schlafenden Wolf zurück. »Wir müssen ihn mit zusammengebundenen Pfoten aufhängen«, sagte Doc Croc, befestigte das Seil an der Schuppendecke und ließ es herab. Der Jäger band dem Wolf damit weiter unten die Pfoten zusammen.

»Wir müssen dafür sorgen, dass sein Maul ganz weit offen ist«, sagte Doc Croc, doch es war gar nicht so einfach, die Kiefer des Untiers auseinanderzubiegen. Da sprang Yoyo mit einer Feder auf den Bauch des Wolfes und kitzelte ihn so lange, bis er lachen musste. Gerade als er den Kiefer dabei ganz weit aufsperrte, steckte der Jäger ihm seine Pulverbüchse hinein, sodass er ihn nicht mehr bewegen konnte.

»Und was jetzt?«, fragte er.

»Jetzt kommt der schwierige Teil«, sagte Doc Croc. »Wenn dabei irgendetwas schiefgeht …«

»Was hast du vor?«, wollte Yoyo wissen.

Doch sein Freund wollte es ihm nicht sagen. Er steckte den Kopf in das geöffnete Maul des Wolfes und brüllte: »Rotkäppchen, Rotkäppchen, kannst du mich hören?«

Und tatsächlich kam tief aus dem Bauch des Wolfes eine Stimme. »Croci, bist du das?«

»Ja, ich bin es«, rief der Bücherwurm glücklich. »Ist deine Großmutter auch bei dir?«

»Natürlich bin ich da, wo sollte ich denn sonst sein«, erklang da die Stimme der Großmutter.

»Hört mal beide gut zu«, rief Yoyo. »Wir holen euch in null Komma nix da raus, also bleibt ganz ruhig!«

»Wir haben nicht vor, irgendwo anders hinzugehen«, hallte die Antwort aus dem Wolfsbauch herauf.

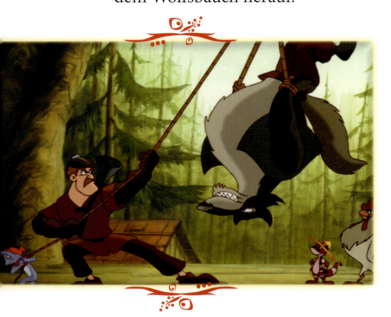

Der Jäger begann, kräftig an dem Seil zu ziehen, und der Wolf hob sich langsam nach oben wie an einem Flaschenzug, bis er kopfüber in der Luft baumelte. Als er erwachte, erkannte er zwar, dass er gefesselt war und an einem Seil hing, konnte aber nichts dagegen tun. Yoyo kitzelte wieder den Bauch des Wolfs mit der Feder, bis dieser lachen musste, und während er gleichzeitig würgte und schluckte, rutschten tatsächlich zuerst das Rotkäppchen und dann die Großmutter aus seinem Maul heraus, und sie waren heil und gesund. Glücklich fielen sich die beiden in die Arme. Rotkäppchen umarmte Yoyo und Doc Croc. »Ich danke euch, meine lieben, lieben Freunde«, sagte sie.

Den Wolf aber band der Jäger vom Baum und zog ihn auf eine Schubkarre, um ihn weit fort zu bringen. »Auf Wiedersehen«, rief er den anderen zu. »Und denkt daran: Sprecht nie wieder mit fremden Leuten im Wald.«

»Keine Sorge, das werde ich nicht«, rief ihm Rotkäppchen nach.

Yoyo sah sie an. »Und was ist mit uns?«, fragte er. »Wir waren doch auch Fremde, oder nicht?«

»Ihr seid meine Freunde und werdet es immer bleiben, meine Helden«, sagte Rotkäppchen und gab den beiden einen Kuss.

Die Großmutter kam mit einem Kuchen aus dem Haus und stellte enttäuscht fest, dass der Jäger nicht zum Kaffeetrinken geblieben war.

»Ich fürchte, das können wir auch nicht«, sagte Yoyo.

»Wir müssen wieder los!« Doc Croc nickte. »*Simsa … Simsala … Simsala-Grimm!*«

Das Märchenbuch kam angeflogen und landete direkt vor ihren Füßen auf dem weichen Waldboden. Die Großmutter hielt die zwei Freunde noch einen Moment auf. »So leicht kommt ihr mir nicht davon, meine Lieben«, sagte sie und steckte beiden ein Stück Kuchen in den Mund.

Schmatzend flogen sie davon. »Ich hätte sie nach dem Rezept fragen sollen«, sagte Yoyo, während sie sich langsam entfernten. Am Boden winkten ihnen Rotkäppchen und die Großmutter, bis sie sie nicht mehr sehen konnten.

Und wenn sie nicht gestorben sind, dann leben sie noch heute.

Vor langer, langer Zeit, als Wunder noch Wirklichkeit waren, gab es eine Zauberformel, die die Tore in das Märchenland von Simsala öffnete, jenem magischen Ort, an dem all die berühmten Helden leben und alle Märchen ihr Zuhause haben: *Abrakadabra, SimsalaGrimm.*

Auf dem Dachboden in einem alten Haus lag auf einem verstaubten Regal ein dickes Buch. Es war ein ganz besonderes Buch, eines, das Geschichten zum Leben erweckte. Es kannte die magische Zauberformel. Ganz von selbst flog es los zu Doc Croc, dem klugen, schüchternen Bücherwurm, und dem vorwitzigen Yoyo.

»Seid ihr bereit für ein neues Abenteuer?«, fragte das Buch.

Die beiden Freunde jubelten. »Na klar sind wir das! Und ob!« Sie sprangen vor Freude los, rutschten aber aus und fielen vom Regal. »Uuuuiiuiui!«, schrien sie. »Aaaaahhhh! Vorsicht!« Da fing das weit aufgeschlagene Märchenbuch sie auf und erhob sich mit ihnen wie ein fliegender Teppich in die Lüfte.

Gemeinsam durchquerten sie Zeit und Raum, bis sie auf ein wunderschönes Schloss zuflogen. Sanft landete das Buch auf einem großen Baum im Schlossgarten.

»Hey, endlich mal keine Bruchlandung«, sagte Yoyo.

»Psst!« Doc Croc legte einen Finger an die Lippen und zeigte nach unten. »Da!«

Hinter einem Busch verborgen hockte ein schönes Mädchen. Es beobachtete einen jungen Prinzen und seinen Diener, die im Garten Federball spielten. Auf einmal landete der Federball direkt vor dem Mädchen.

»Ist schon gut, ich hole ihn«, rief der Prinz und ging los. Als er das Mädchen entdeckte, blieb er verwundert stehen. »Wer bist du?«, fragte er. Doch das Mädchen stotterte nur nervös und lief davon.

»Warte, warte, du brauchst keine Angst zu haben«, rief er ihr nach.

»Ist alles in Ordnung, Eure Hoheit?«, fragte der Diener. Der Prinz sah dem Mädchen sehnsüchtig hinterher, hob den Federball auf und ging zurück.

»Warum hat das so lange gedauert?«, fragte der Diener.

»Ich hab das wunderschönste Mädchen auf der ganzen Welt gesehen«, sagte der Prinz schwärmerisch.

Sein Diener bekam große Augen. »Wo?«, wollte er wissen.

»Gerade eben, hinter den Büschen«, sagte der Prinz. »Ich wollte mit ihr sprechen, aber sie rannte davon.«

»Pah, wahrscheinlich nur irgend so ein kleines Küchenmädchen«, sagte der Diener abfällig.

Aber der Prinz strahlte ihn an. »Ihre Augen leuchten wie Sterne, und ihr Gesicht ist so schön.«

»Lasst das bloß Euren Vater nicht hören«, warnte der Diener. »Der hat ganz andere Pläne mit Euch, was Eure Hochzeit betrifft.« Er legte den Arm um ihn. »Macht keine Dummheiten, mein verliebter Prinz. Marsch, zurück ins Schloss mit Euch.«

Während die beiden zum Schloss gingen, kletterte Yoyo den Baum hinab. »Los, mach schneller, Croci, wir müssen die Kleine einholen«, rief er.

»Ist ja gut, ist ja gut«, sagte Doc Croc. »Aber du weißt, ich leide unter Höhenangst.«

Unten liefen sie zu der hohen Mauer, die den Schlossgarten umgab. An einer Stelle hatte sie eine Öffnung. »Durch dieses Loch muss sie reingekommen sein«, sagte Yoyo. »Komm schon!« Schnell war er hindurchgeschlüpft, und Doc Croc folgte ihm.

Bald schon entdeckten sie das Mädchen. Es kniete unter einem Mandelbaum am Grab ihrer Mutter vor einem großen Holzkreuz, auf dem eine Taube saß. »Und mein Herz blieb beinahe stehen, als er mir so tief in die Augen blickte«, sagte sie. Es war nicht zu sehen, mit wem sie sprach. »Oje, es ist so hoffnungslos. Der Prinz verliebt sich nie im Leben in eine arme kleine Küchenmagd.« Verzweifelt hob sie die Hände zum Himmel.

Da fing die Taube zu sprechen an. »Das stimmt nicht, du bist keine arme kleine Küchenmagd.«

»Aber meine Stiefmutter behandelt mich so«, antwortete das Mädchen. »Außerdem – in solchen Kleidern!« Sie zeigte der Taube ihren schmutzigen grauen Kittel. »Was sollte er denn sonst denken?«

»Vater wird bald von seiner Reise zurückkehren«, sagte die Taube. »Dann wird alles wieder gut werden. Du wirst schon sehen.«

Inzwischen waren Yoyo und Doc Croc näher gekommen. »Entschuldigung«, sagte Doc Croc. »Wir haben zufällig mitgehört …«

Yoyo fiel ihm ins Wort. »Oh bitte, wo sind denn deine guten Manieren geblieben? Erlaube mir, dass ich mich dir vorstelle«, sagte er zu dem Mädchen. »Ich bin Yoyo, der Held der tausend Abenteuer seit … na ja, eigentlich schon immer. Und das ist …«

»Croc. Doktor Croc. Privatgelehrter, Philosoph und … ach, das ist ja alles nicht so wichtig. Bitte sag uns: Warum lässt du dir das eigentlich gefallen, dass man dich so behandelt?«

Das Mädchen zuckte nur die Schultern. Da sprach die Taube. »Das arme Aschenputtel, was kann es schon machen? Es sind drei, die sie herumschubsen.«

»Was? Gleich drei?«, fragte Yoyo entsetzt.

Aschenputtel sah auf. »Meine Stiefmutter und die zwei Töchter, Agatha und Beatrice.«

Sie hatte kaum ausgesprochen, als aus dem Fachwerkhaus am Rande der Wiese ein lauter Schrei erklang. »Aschenputtel! Aschenputtel!!! Wo ist unser Mittagessen, du nutzloses Ding? Willst du uns alle verhungern lassen?«

Aschenputtel seufzte auf. »Na schön. Wieder zurück in die Wirklichkeit.« Sie stand auf und lief ins Haus.

Yoyo und Doc Croc sahen ihr nach. »Hm. Ich glaube, sie braucht Hilfe«, sagte Yoyo. »Los, vorwärts, Croci!« Er sprintete los.

Doc Croc rieb sich die Augen. »Und wieder lockt das Abenteuer«, sagte er, während er sich die Brille zurechtrückte. »War übrigens nett, dich kennengelernt zu haben«, rief er der Taube zum Abschied zu.

Im Schloss hatte der König währenddessen seinen Sohn, den Prinzen, zu sich gebeten. Der lief im Thronsaal wütend auf und ab. »Nein, Vater, nein, wen ich heirate, das bestimme ich selbst«, sagte er.

»Aber das erzählst du mir nun schon seit einem Jahr«, antwortete der König.

»Ja, tut mir leid«, sagte der Prinz. »Bis jetzt habe ich noch nicht die Richtige gefunden.«

Der König erhob sich von seinem Thron. »Dann werde ich einen Ball ausrichten lassen und alle adligen Töchter meines Königreichs dazu einladen. Von denen wirst du dir eine als Gemahlin aussuchen. Verstanden?«

»Ja, natürlich«, sagte der Prinz. »Unter einer Bedingung. Ich bestehe darauf, dass du alle jungen Damen einlädst.« Er trat vor seinen Vater. »Auch die bürgerlichen.«

»Die bürgerlichen? Hier, in meinem Schloss?«, schrie der König entsetzt auf.

»Also entweder das, oder es gibt keinen Ball«, sagte der Prinz mit fester Stimme.

Der König ließ sich auf seinen Thron fallen. »Du meine Güte, was tut man nicht alles für seine Kinder!«

Währenddessen war Aschenputtel dabei, das Mittagessen zu kochen. Weil Yoyo und Doc Croc Hunger hatten, schenkte sie ihnen beiden ein Schüsselchen mit Suppe ein. »Sehr delikat«, sagte Yoyo, nachdem er probiert hatte, und Doc Croc stimmte ihm zu.

Da erklang eine Stimme. »Na, wollen wir mal nachsehen, womit sie uns heute vergiften will!«

Aschenputtel erschrak. »Los, schnell, ihr müsst euch verstecken«, zischte sie den Freunden zu. »Wenn die drei euch hier in der Küche finden, bekomme ich noch mehr Ärger.«

»Hach, die jagen mir keine Angst ein!« Yoyo reckte die Faust. »Warte nur, denen werde ich es zeigen.«

Doc Croc packte ihn am Arm. »Yoyo, könntest du vielleicht ein Mal im Leben das machen, was man dir sagt?«, bat er, zog Yoyo zur Seite und sprang mit ihm unter den Tisch.

Knarzend ging die Küchentür auf, und die beiden Stiefschwestern traten mit strengem Blick ein. Als sie einen Schluck von der Suppe probierten, spuckten sie ihn in hohem Bogen wieder aus, sodass der ganze Boden mit Suppe bekleckert war. »Igitt, das schmeckt ja wie Gurkenschleim«, rief die eine, und: »So etwas würden ja nicht einmal die Schweine essen«, die andere.

Durch das Geschrei war die Stiefmutter aufmerksam geworden und in die Küche gekommen.

»Mutter, sieh nur, was das dumme Stück schon wieder angerichtet hat«, riefen die Schwestern und zeigten auf den Boden.

Die Stiefmutter ging mit strengem Blick auf Aschenputtel zu. »Du boshaftes Geschöpf! Was fällt dir ein? Schüttest das Essen über deine lieben Stiefschwestern! Was glaubst du eigentlich, wer du bist?« Dann verließen die drei mit hoch erhobenem Kopf die Küche.

Aschenputtel sah ihnen fassungslos nach, bevor sie weinend die Hände vor das Gesicht schlug und am Boden zusammenbrach. Sie hatte ganz vergessen, dass Yoyo und Doc Croc mit angesehen hatten, was geschehen war.

Von draußen erklang ein Fanfarensignal. Ein Bote des Königs ritt durch das Dorf und verlas eine Nachricht: »Hört ihr Leute, hört ihr Leute! Seine Majestät der König lädt alle Jungfrauen seines Königreiches zu einem prächtigen Ball auf dem Schloss ein. Der Ball wird drei Nächte dauern, und der hochwohlgeborene Prinz Leonhard wird sich danach seine Braut aussuchen.«

Die Stiefschwestern hatten vom Fenster aus zugehört. »Seine Braut aussuchen, Beatrice, hast du das gehört«, kreischte Agatha. »Uh, das ist ja endlich meine große Chance!«

Beatrice sah sie böse an. »Deine große Chance? Hah! Ich bin es, in die sich der Prinz verlieben wird! Das weiß ich genau!«

»Ich sag dir was, diejenige, die ihn heiratet, wird Königin«, keifte ihre Schwester. »Und auf dieser Krone wird mein Name stehen!« Sie lachte gehässig.

»Das werden wir ja noch sehen, nicht wahr, meine Liebe.« Agatha schloss das Fenster.

Vor dem Spiegel gingen die Streitereien weiter. »Nur ein Blick auf mein schönes, weiches Haar, und das Herz des Prinzen wird auf der Stelle dahinschmelzen«, rief die eine. Die andere boxte sie zur Seite und stellte sich selbst vor den Spiegel. »Ein einziger Blick auf mein Gesicht, eine kurze Berührung meiner Haut, und dann heißt es: Gute Nacht, Mädels, für euch ist die Party vorbei!« Sie lachte spöttisch.

Die Stiefmutter sah von ihrem Kartenspiel auf. »Es gibt da noch ein Problem«, sagte sie. »Unser Aschenputtel! Was sollen wir tun, wenn der Prinz sie sieht und sich in sie verliebt?«

Die Mädchen starrten sie entsetzt an. »Das ist unmöglich!« – »Das wäre typisch für diese Göre, immer muss sie alles verderben«, wetterten sie.

Die Stiefmutter lächelte beruhigend. »Also, zerbrecht euch darüber nicht eure hübschen Köpfe. Ich werde mir schon etwas einfallen lassen.«

In diesem Moment schlug die Uhr. »Du meine Güte, seht nur, wie die Zeit vergeht!« Die Stiefmutter klatschte in die Hände. »Ihr müsst euch zurechtmachen. Los, beeilt euch!«

In der Küche war Aschenputtel damit beschäftigt, die Asche aus dem Ofen zu schaufeln. Yoyo und Doc Croc versuchten, sie zu überreden, auf den Ball zu gehen. »Aber warum denn nicht?«, fragte Yoyo. »Alle sind eingeladen.«

»Selbst wenn ich gehen wollte, woher sollte ich denn ein Ballkleid bekommen?«, fragte sie. »Wisst ihr, Agatha und Beatrice haben alle meine Kleider verbrannt.«

Die Tür wurde aufgerissen, und Yoyo und Doc Croc schafften es gerade noch, sich zu verstecken. Die Stiefmutter baute sich vor Aschenputtel auf. »Erst wirfst du Essen auf den Boden, und dann versuchst du noch, meine beiden Töchter zu vergiften!«, rief sie, während sich die beiden Stiefschwestern hinter ihr krümmten, als hätten sie Schmerzen. »Meine armen Kleinen! Die Ärmsten können vor lauter Schmerzen gar nicht sprechen! Nicht wahr, meine lieben Töchter?«

»Ich habe doch gar nicht versucht, irgendjemanden zu vergiften«, sagte Aschenputtel verzweifelt.

»Ach, lüg mich ja nicht an!« Die Stiefmutter schüttelte den Kopf. »Du unverschämtes Geschöpf!« Sie tat, als überlege sie. »Also gut. Damit du für den Rest des Abends nicht auf dumme Gedanken kommst, haben wir hier noch eine hübsche kleine Beschäftigung für dich.« Sie hob einen Krug mit Linsen an und leerte ihn über dem Ofen aus. »Oh, wie ungeschickt von mir«, sagte sie und sah Aschenputtel herausfordernd an. »Worauf wartest du noch? Sortier die guten aus der Asche, und wehe, du bist nicht fertig, bevor wir zurück sind!«

Nachdem die Stiefmutter und die Stiefschwestern verschwunden waren, kamen Yoyo und Doc Croc wieder aus ihrem Versteck heraus. »Oh, oh, das sind aber eine Menge Linsen«, sagte Doc Croc. »Ist ja wohl nicht zu fassen! Diese drei Nattern!«

Da kam Yoyo eine Idee. »Hast du nicht gesagt, dass die Taube manchmal versucht, dir zu helfen?«

»Ja, das stimmt«, sagte Aschenputtel. »Diese Taube ist der einzige Freund, den ich auf der Welt habe.«

Yoyo nickte. »Geh nicht weg«, sagte er und lief aus dem Haus. Doc Croc folgte ihm, so schnell er konnte.

Mühsam begann Aschenputtel, die Linsen aus der Asche zu sortieren. Doch sie kam nur sehr langsam voran. Auf einmal flogen vier weiße Tauben in die Küche. Wie im Flug sortierten sie die Linsen: die guten ins Töpfchen, die schlechten ins Kröpfchen. Aschenputtel konnte gar nicht mehr aufhören, sich zu bedanken. »Habt vielen, vielen Dank«, rief sie immer wieder, als die Tauben in Windeseile alle Linsen aus der Asche gepickt hatten.

»Wir haben immer noch ein Problem«, merkte Doc Croc an. »Woher bekommen wir ein Ballkleid für sie?«

Da machte sich Aschenputtels Freundin, die weiße Taube, bemerkbar. »Ach, wenn nur alles so einfach wäre wie das«, sagte sie. »Aschenputtel, komm!«

Die Tauben flogen ins Freie, und Aschenputtel und die beiden Freunde folgten ihnen, bis sie sich auf

dem Mandelbaum niederließen. Und dann geschah es: Wie durch ein Wunder hing plötzlich ein prächtiges, glitzerndes Ballkleid im Baum. Als Aschenputtel es anzog, legte es sich über sie wie eine zweite Haut. Yoyo und Doc Croc konnten sie nur bewundernd anschauen, so schön war sie.

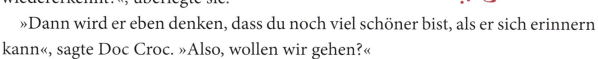

Aschenputtel hatte trotzdem noch Sorgen. »Was ist, wenn der Prinz mich wiedererkennt?«, überlegte sie.

»Dann wird er eben denken, dass du noch viel schöner bist, als er sich erinnern kann«, sagte Doc Croc. »Also, wollen wir gehen?«

»Wenn ich bitten dürfte, meine Dame?«, fragte Yoyo, und gemeinsam machten sich die drei zum Schloss auf.

»Viel Glück, Aschenputtel«, rief die Taube ihr nach.

Im Schloss war der Ball schon in vollem Gange. Der Prinz tanzte mit Beatrice, und ihre Schminke war so zerlaufen, dass der Prinz ihr kaum in die Augen sehen konnte.

Als Aschenputtel den Raum betrat, ließ er sofort alle anderen Mädchen stehen und bat sie zum Tanz.

»Wer ist denn das, Mutter?«, fragte Beatrice, die Aschenputtel nicht erkannt hatte.

»Woher soll ich das wissen?«, antwortete diese. »Aber ich habe sie schon mal irgendwo gesehen, das weiß ich genau.« Sie machte sich auf den Weg zum König, der von seinem Thron aus das Treiben beobachtete. »Euer Majestät, war es nicht Euer Wunsch, dass nur die Töchter Eures Königreiches für heute Abend eingeladen werden?«

»In der Tat, Gnädigste, so lautete mein Befehl«, sagte er.

»Und, wer, Euer Majestät, ist dann die?« Sie zeigte auf Aschenputtel, doch der König kannte sie nicht.

»Irgendeine Fremde muss das sein«, sagte die Stiefmutter. »Eine Betrügerin. Man lasse sie sofort aus dem Saal werfen. Das würdet Ihr auch sagen, nicht wahr, Hoheit?«

Aber der König konnte sich nicht so recht dazu durchringen.

Die Stiefmutter ging zu Beatrice zurück. »Wenn es nicht so eine lächerliche Idee wäre, würde ich sagen, das ist Aschenputtel«, sagte sie.

Beatrice bekam große Augen. »So wunderschön angezogen? Wir haben doch alle ihre Kleider verbrannt!«

Da kam Agatha zu ihnen. »Es ist nicht zu fassen! Der Prinz hat mich stehen lassen!«, beklagte sie sich.

Beatrice begann zu lachen. »Ich wäre nicht überrascht, wenn er davongelaufen wäre!«, rief sie.

»Agatha, Liebling, was ist mit deinem Gesicht?«, fragte die Stiefmutter, und als das Mädchen in den Spiegel schaute, entdeckte sie die verlaufene Schminke.

»Aschenputtel ist schuld!«, rief sie empört. »Sie sollte für mich einen neuen Schönheitspuder besorgen!«

»Ich glaube, wir sollten jetzt besser gehen.« Die Stiefmutter führte ihre Töchter aus dem Saal.

Yoyo und Doc Croc liefen schnell zu Aschenputtel, die immer noch mit dem Prinz tanzte. »Du musst so schnell wie möglich nach Hause«, wisperten sie ihr zu. Und ehe sich der Prinz versah, war das Mädchen verschwunden. Er lief ihr nach, doch im Garten konnte er sie nicht mehr entdecken. Traurig kehrte er in den Ballsaal zurück.

Im Haus der Stiefmutter saßen Yoyo und Doc Croc keuchend auf dem Küchentisch. »Wir haben es tatsächlich geschafft, vor denen zurück zu sein«, freute sich Yoyo.

»Und alles sieht so aus, als ob nichts geschehen wäre«, sagte Doc Croc.

Aschenputtel kniete in ihrem Kittel vor dem Ofen. Ihre Augen glänzten. »Er hat tatsächlich mit mir getanzt«, sagte sie verträumt. »Und dann, als er mir tief in die Augen sah, da …«

Sie legte sich verträumt vor den Ofen und tat so, als würde sie schlafen, damit die Stiefschwestern dachten, dass sie die ganze Nacht gearbeitet hätte.

Erstaunt stellten Agatha und Beatrice fest, dass Aschenputtel alle Linsen sortiert hatte. Auch ein Ballkleid konnten sie nirgends erkennen. Als ihre Kerze erlosch, hörten sie plötzlich eine unheimliche Stimme: »Verflucht und verdammt auf immer und ewig seid ihr«, erklang es. »Den Schlaf einer Unschuldigen stören!«

Kreischend liefen die Schwestern davon. Dabei waren es Doc Croc und Yoyo gewesen, die die beiden nur hatten ärgern wollen.

Am nächsten Morgen bat der König den Prinzen zu einem Gespräch. Er war wütend.

»Gestern Abend waren Hunderte schöne Mädchen auf dem Ball«, sagte er. »Warum kannst du dich nicht für eine von denen entscheiden?«

»Das habe ich, Vater«, antwortete der Prinz.

Doch der König hörte nicht zu. »Ich will dir mal was sagen«, rief er. »Wenn du diese Fremde meinst, die plötzlich uneingeladen auf der Freitreppe stand: Die kannst du dir gleich aus dem Kopf schlagen. Weder kennen wir sie, noch wissen wir irgendetwas über ihre Familie.«

»Das wird sich ändern. Wenn sie heute Abend wiederkommt, werde ich alles über sie in Erfahrung bringen. Und dann mache ich sie zu meiner zukünftigen Königin.« Der Prinz lächelte.

Der König begann zu jammern, alles Flehen und Bitten nützte nichts.

Währenddessen stritten sich die Stiefschwestern darüber, wer von ihnen die Schönere sei. Die Stiefmutter beschwichtigte und sagte, dass sie beide gleich schön seien.

»Was ist, wenn die kleine Hexe heute Abend wieder auftaucht, Mutter?«, fragte Agatha.

Die Stiefmutter lachte und zeigte ihnen ein kleines blaues Fläschchen mit einer Flüssigkeit. »Dieses Mittel wird sicher seine Wirkung tun«, sagte sie. »Wenn ich recht habe und wenn es durch irgendeine widerwärtige Zauberei wirklich Aschenputtel war …«

»… dann werden wir das bestimmt zu verhindern wissen«, kicherte Beatrice.

Aschenputtel saß in der Küche und stopfte Kleider. »Ach, ich weiß nicht«, sagte sie. »Vielleicht sollte ich heute Abend doch nicht auf den Ball gehen.«

»Aber du hast schon gemerkt, wie der Prinz dich angesehen hat?«, sagte Doc Croc.

»Ja, und ich hab auch gesehen, wie die Stiefmutter uns beobachtet hat.« Aschenputtel schloss die Augen. »Irgendwie habe ich das Gefühl, dass sich über mir ein Unheil zusammenbraut.«

»Ach, komm schon«, beruhigte Yoyo sie.

»Und vergiss niemals: Liebe überwindet alle Hindernisse«, fügte Doc Croc hinzu.

Da kamen die Stiefschwestern in die Küche und leerten vier Krüge mit Linsen über dem Ofen aus. »So, das ist deine Strafe«, riefen sie. »Weil du uns gestern halb zu Tode erschreckt hast.« Lachend verließen sie die Küche.

Aschenputtel blickte traurig drein. »Ich fürchte, bei dieser Menge können mir nicht einmal mehr die Tauben helfen.«

»Ich glaube, da irrst du dich«, sagte ihre Freundin, die Taube. Und als Aschenputtel aufblickte, sah sie, dass nicht nur vier, sondern unzählige Tauben in die Küche geflogen kamen. Yoyo, Doc Croc und Aschenputtel streckten jubelnd die Arme in die Höhe.

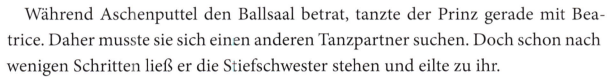

Während Aschenputtel den Ballsaal betrat, tanzte der Prinz gerade mit Beatrice. Daher musste sie sich einen anderen Tanzpartner suchen. Doch schon nach wenigen Schritten ließ er die Stiefschwester stehen und eilte zu ihr.

Die Stiefmutter hatte alles mit angesehen. Und weil sie auf keinen Fall zulassen wollte, dass der Prinz sich in Aschenputtel verliebte, fasste sie einen Entschluss. Sie goss Flüssigkeit aus der kleinen blauen Flasche in ein Glas mit Wein und reichte es dem Prinzen. »Euer Hoheit, Ihr seht so erhitzt aus, möchtet Ihr eine Erfrischung?«, fragte sie, und der Prinz griff nach einigem Zögern zu und trank.

Gleich darauf brach er mitten auf der Tanzfläche zusammen. »Helft ihm«, rief die Stiefmutter.

Was hatte all das zu bedeuten? Was hatte die Stiefmutter vor? Yoyo und Doc Croc waren sich sicher, dass sie Aschenputtel hereinlegen wollte, und brachten das Mädchen aus dem Schloss.

Im Ballsaal begann die Stiefmutter zu schreien. »Das war Hexerei! Sie hat ihm ins Auge geblickt und dadurch den armen Prinzen vergiftet!«

Die anderen Leute glaubten ihr. »Weg mit der Hexe!«, riefen sie. Doch Aschenputtel war längst geflohen.

»Wenn ich es dir sage, ich hab gesehen, wie sie ihm etwas ins Glas getan hat«, sagte Yoyo zu Aschenputtel.

»Du musst dem König alles erzählen, nur so kannst du der Stiefmutter das Handwerk legen«, meinte Doc Croc.

Aschenputtel war mutlos. »Wann bekomme ich denn die Gelegenheit, ihm das zu sagen?«, fragte sie.

»Auf dem Ball, und zwar morgen Abend!«, sagte Doc Croc. Doch Aschenputtel erklärte, dass sie dort nicht wieder hingehen werde.

Da sprach die Taube zu ihr. »Aschenputtel, hör mir zu. Wenn du den Prinzen liebst, dann musst du morgen noch einmal auf den Ball gehen. Ein letztes Mal.«

Am nächsten Morgen beharrte der Prinz immer noch darauf, dass er Aschenputtel zur Frau nehmen wolle. Sein Vater wollte jedoch nichts davon hören und ließ seine Männer die Freitreppe mit Pech bestreichen. Er glaubte, so herauszufinden, ob sie wirklich eine Hexe sei.

»Wenn das stimmt, dann wird das Pech auf den Stufen ihr nichts anhaben können. Sie wird davonfliegen«, sagte der Prinz.

»Und wenn sie mit ihren Schuhen darin stecken bleibt wie eine gewöhnliche Sterbliche?«, fragte der König.

»Dann ist es mir egal, wer sie ist oder woher sie kommt«, sagte der Prinz in festem Ton. »Ich werde sie heiraten.«

Am Abend schenkten die Tauben Aschenputtel erneut ein wunderschönes Ballkleid. Als sie im Schloss auftauchte, leuchteten die Augen des Prinzen vor Glück auf.

Die Stiefschwestern aber waren wütend. »Das darf ja wohl nicht wahr sein«, riefen sie.

»Wir hätten die kleine Hexe wohl lieber einsperren sollen«, wetterte die Stiefmutter.

Der König wollte Aschenputtel sogleich festnehmen. »Los, ergreift sie«, rief er der Palastwache zu, und das Mädchen sah ihn wie erstarrt an. Zum Glück hatten Yoyo und Doc Croc vorgesorgt. Sie entzündeten Knallkörper und warfen sie in den Saal. Die Palastwache konnte nicht weiterlaufen, und Aschenputtel schaffte es rechtzeitig zur Tür. Nur ihr Schuh blieb auf ihrer eiligen Flucht im Pech auf der Freitreppe kleben.

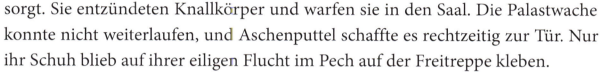

Als der Prinz das sah, ließ er gleich seinen Vater kommen. »Meine Geliebte! Sie ist keine Hexe, Vater«, sagte er. »Siehst du? Ihr Schuh ist im Pech stecken geblieben. Morgen werde ich sie finden.« Er sah den König fest an. »Wer immer sie ist, diejenige, der der Schuh passt, wird meine Braut werden.«

Die Stiefmutter hatte mitgehört, was der Prinz gesagt hatte, und sofort einen Plan gefasst. »Kommt mit, meine Lieben«, sagte sie zu ihren Töchtern. »Morgen wird eine von euch beiden Königin sein!«

Aschenputtel hatte von all dem nichts mitbekommen. Weinend saß sie vor dem Ofen und war sich sicher, dass sie ihre Chance, den Prinzen zu heiraten, für immer verspielt hatte.

»Es tut mir leid«, sagte Doc Croc. »Was hätten wir gegen so viele ausrichten können?«

Bevor Aschenputtel antworten konnte, kam die Stiefmutter zur Tür herein. »Aschenputtel, komm schnell«, rief sie. »Agatha, das arme Kind, ist im Taubenhaus eingeklemmt! Du musst ihr helfen, dass sie da herauskommt.« Lachend sah sie Aschenputtel nach, die sofort ins Freie eilte. Wieder war ihr das Mädchen in die Falle gegangen.

Als Aschenputtel die Leiter zum Taubenhaus hochgestiegen war, kletterte sie hinein, weil sie Agatha nicht sehen konnte. Kaum war sie drinnen, verriegelte die Stiefmutter die Tür hinter ihr. Aschenputtel war gefangen. »Bitte, lasst mich heraus«, flehte sie und schlug gegen die Tür.

»Nimm es nicht so tragisch, Aschenputtel«, rief Agatha von unten. Sie war natürlich gar nicht im Taubenhaus gewesen. »Du bekommst eine Einladung zu meiner Hochzeit.«

»Endlich. Jetzt hat der Spuk ein Ende«, sagte die Stiefmutter. »Kommt mit, meine Lieben, ihr müsst euch gut ausschlafen. Denn morgen wird uns der Prinz einen Besuch abstatten.«

Und tatsächlich klopfte der Prinz am nächsten Tag am Hause an.

»Oh, Eure Hoheit«, rief die Stiefmutter aufgeregt. »Was für eine Überraschung! Willkommen in unserem bescheidenen Heim.«

Der Prinz zeigte ihr den Schuh, der im Pech stecken geblieben war. »Verzeiht die Störung zu so früher Stunde. Ich suche das Mädchen, dem dieser Schuh passt.«

Die Stiefmutter tat, als würde sie ihn genau betrachten. »Also, ich muss sagen … Der Schuh kommt mir irgendwie bekannt vor«, sagte sie und rief nach den beiden Stiefschwestern. Beide zeigten dem Prinzen ihre Füße. Der sah gleich, dass die Füße viel zu groß für den schmalen Schuh waren. »Verzeiht mir, meine Damen, ich habe mich wohl im Haus geirrt«, sagte er.

Die Stiefmutter geriet in Panik. »Nein, wartet. Ganz bestimmt nicht, Euer

Hoheit«, rief sie. »Ich weiß es genau, dieser Schuh passt sicher einer meiner reizenden Töchter.«

Der Prinz schüttelte den Kopf. »Nein, das glaube ich nicht, Madame, es sei denn, Sie haben noch eine Tochter, die hier bei Ihnen wohnt.«

Als die Stiefmutter darauf beharrte, dass sie nur diese beiden Töchter habe, drehte sich der Prinz um und wollte in die Kutsche steigen.

Da sprach auf einmal die Taube zu ihm und bat ihn, ihr in den Hof zu folgen. Die Stiefmutter wollte sie verjagen, doch es gelang ihr nicht. Der Prinz lief in den Hof und sah, wie Aschenputtel aus dem Taubenhaus herausstieg. Yoyo und Doc Croc hatten es gerade noch rechtzeitig geschafft, den Riegel von der Tür zu lösen.

Mit strahlenden Augen legte der Prinz den Schuh an Aschenputtels Fuß. Und siehe da, er passte wie angegossen. Das Mädchen und der Prinz sahen sich für einen Moment in die Augen und küssten sich. Yoyo und Doc Croc jubelten – endlich würde alles gut werden.

Der Prinz nahm Aschenputtel zur Frau, und alle Leute freuten sich darüber, auch der König. Nur die Stiefmutter und die beiden Stieftöchter waren noch immer beleidigt.

»Ich glaub', wir verziehen uns, Croci«, sagte Yoyo.

»Ich glaube, du hast recht«, antwortete Doc Croc. »*Simsa … Simsala … Simsala-Grimm!*«

Das Zauberbuch schwebte zwischen den Tauben am Himmel herbei, die beiden Freunde sprangen auf und flogen los. »Noch einmal vielen Dank, ihr beiden«, rief der Prinz, und er und seine Braut winkten Yoyo und Doc Croc hinterher.

Und wenn sie nicht gestorben sind, dann leben sie noch heute.

Vor langer, langer Zeit, als Wunder noch Wirklichkeit waren, gab es eine Zauberformel, die die Tore in das Märchenland von Simsala öffnete, jenem magischen Ort, an dem all die berühmten Helden leben und alle Märchen ihr Zuhause haben: *Abrakadabra, SimsalaGrimm*.

Auf dem Dachboden in einem alten Haus lag auf einem verstaubten Regal ein dickes Buch. Es war ein ganz besonderes Buch, eines, das Geschichten zum Leben erweckte. Es kannte die magische Zauberformel. Ganz von selbst flog es los zu Doc Croc, dem klugen, schüchternen Bücherwurm, und dem vorwitzigen Yoyo.

»Seid ihr bereit für ein neues Abenteuer?«, fragte das Buch.

Die beiden Freunde jubelten. »Na klar sind wir das! Und ob!« Sie sprangen vor Freude los, rutschten aber aus und fielen vom Regal. »Uuuuiiuiui!«, schrien sie. »Aaaaahhhh! Vorsicht!« Da fing das weit aufgeschlagene Märchenbuch sie auf und erhob sich mit ihnen wie ein fliegender Teppich in die Lüfte.

Gemeinsam durchquerten sie Zeit und Raum und flogen über den Sommerhimmel, bis sie unter sich eine hügelige Landschaft erblickten. »Sieh mal, Yoyo, wie idyllisch das hier ist«, rief Doc Croc.

»Ich hätte nichts dagegen, eine Weile hierzubleiben«, sagte Yoyo, und weiter ging der Flug, auf und ab über die Winde.

Auf einer Waldlichtung saß ein hübsches junges Mädchen. Es hieß Schneewittchen. Ihre Lippen waren rot wie Blut, die Haut weiß wie Schnee, das Haar schwarz wie Ebenholz. Sie hielt ein Blümchen in der Hand und zupfte ein Blatt nach dem anderen ab. »Mein Märchenprinz liebt mich, er liebt mich nicht. Er liebt mich, er liebt mich nicht …«, zählte sie. Sie ahnte nicht, dass der Jäger hinter einem Baum stand und sie beobachtete. In seiner Hand glänzte ein Messer. Der Mann schien eine Weile zu zögern, doch dann schlich er sich hinter Schneewittchen an und hob die Hand, um hinterrücks zuzustechen.

In diesem Moment rasten Doc Croc und Yoyo auf dem Zauberbuch heran und landeten direkt neben dem Jäger. Schneewittchen hatte das Geräusch gehört und drehte sich um. Erschrocken sah sie das Messer, das der Jäger noch immer auf sie gerichtet hatte. »Was machst du da?«, fragte sie mit großen Augen.

Der Jäger zuckte zurück und ließ das Messer sinken. »Ich … ich wollte das nicht, Schneewittchen«, stotterte er und sank vor ihr auf die Knie. »Bitte, so glaube mir!«

»Du wolltest mich töten?« Schneewittchens schöne Augen weiteten sich vor Schmerz. »Ich dachte, du bist mein Freund.«

»Das bin ich auch«, sagte der Jäger. »Deine Stiefmutter, die Königin, hat es mir befohlen. Und als ich mich weigerte, drohte sie mir mit dem Galgen!« Der Jäger legte den Kopf in die Hände und begann zu weinen. »Oh, Schneewittchen! Du musst fliehen!« Er sprang auf. »Verstehst du mich? Du musst fliehen und darfst nie mehr zurückkehren.«

»Aber wo soll ich denn hingehen, sie findet mich überall?«, fragte Schneewittchen verzweifelt.

Yoyo und Doc Croc hatten das Gespräch mit angehört. »Komm schon, Croci, lass dir was einfallen«, sagte Yoyo. »Wir müssen ihr helfen.«

»Ist schon klar!«, antwortete Doc Croc. »Ich denke gerade nach …« Auf einmal kam ihm eine Idee. »Wie wäre es denn, wenn wir der Königin weismachen, dass Schneewittchen schon tot ist?«, fragte er.

»Wie denn?« Der Jäger schüttelte den Kopf. »Ich muss ihr doch einen Beweis bringen.«

»Und was ist das für ein Beweis?«, wollte Doc Croc wissen.

Der Jäger schluckte. »Na ja … ihr Herz«, brachte er schließlich heraus.

Doc Croc schlug sich schockiert die Hand vor den Mund. »Ist das furchtbar«, sagte er betroffen.

»Moment«, mischte sich Yoyo ein. »Es könnte eigentlich jedes Herz sein, oder? Zum Beispiel von einem Eber …«

»Ja, genau«, rief der Jäger begeistert. »Darauf wird die Königin bestimmt hereinfallen.« Er sah Schneewittchen an. »Verzeih mir. Wie konnte ich nur je daran denken, dir etwas anzutun!«

Das Mädchen nickte. »Natürlich verzeihe ich dir.«

»Du musst fliehen«, wiederholte der Jäger. »Und zwar jetzt.«

»Das werde ich.« Schneewittchen lächelte Yoyo und Doc Croc an. »Vielen Dank für eure Hilfe, ihr zwei«, rief sie, während sie sich auf den Weg machte.

»Ich kann nur hoffen, dass sie es schafft«, sagte der Jäger skeptisch. »In dem tiefen, dunklen Wald ist sie ganz allein.«

»Allein? Wer sagt denn, dass sie allein ist?«, antwortete Doc Croc empört und setzte sich in Bewegung. »Komm, Yoyo.«

»Klarer Fall, ich bin dabei«, rief sein Freund.

Es dauerte eine Weile, bis sie das Mädchen eingeholt hatten. »Schneewittchen, warte!«, riefen sie ihr hinterher, und als diese die Rufe hörte, blieb sie stehen. Erfreut begrüßte sie die beiden Freunde. »Wenn ihr nicht gewesen wärt ...«, sagte sie.

»Nicht der Rede wert«, antwortete Yoyo.

»Ich meine es ernst«, sagte Schneewittchen lächelnd. »Aber ... wer seid ihr überhaupt?«

»Ich bin Yoyo, der Held der tausend Abenteuer seit ... eigentlich schon immer«, stellte sich Yoyo vor.

»Mein Name ist Croc, Doktor Croc. Privatgelehrter, Naturwissenschaftler ...«

»Ist ja gut«, unterbrach ihn Yoyo. »Vielleicht lässt du die Dame auch mal ein Wort sagen.«

Das Mädchen lächelte. »Ich heiße Schneewittchen, und ich bin eine Prinzessin«, sagte sie.

»Eine Prinzessin?« Doc Croc strahlte sie an. »Mal was ganz Neues.«

»Nach dem Tod meiner geliebten Mutter hat mein Vater eine eitle, hartherzige und grausame Frau geheiratet«, sagte sie und schilderte, wie sich die Stiefmutter jeden Tag vor einen Zauberspiegel stellte und von ihm wissen wollte, wer die Schönste im ganzen Land sei. Denn sie selbst wollte die Schönste sein. Sie konnte es nicht ertragen, dass Schneewittchen immer schöner wurde.

Während das Mädchen erzählte, war der Jäger in dem großen Schloss, in dem Schneewittchen lebte, angekommen und betrat die Gemächer der bösen Königin. Er reichte ihr das Kästchen, in das er das Herz eines wilden Tieres ge-

legt hatte. »Oh, hast du meinen Befehl ausgeführt?«, fragte sie und öffnete das Kästchen. Sie sah das Herz und merkte nicht, dass der Jäger sie hereingelegt hatte. »Großartig! Endlich bin ich wieder die Schönste im ganzen Land!«, rief sie begeistert und schickte den Jäger fort.

Einige Zeit später klopfte der Diener der Königin an ihre Tür. »Ein junger Prinz bittet um eine Audienz, Euer Hoheit«, sagte er.

»Hoffentlich handelt es sich um einen hübschen Prinzen«, sagte die Königin lächelnd. »Lasst ihn herein.«

Da betrat ein eleganter junger Mann mit langem braunem Haar den Raum. »Euer Hoheit! Ich habe so viel von der Schönheit Eurer Tochter gehört«, sagte er schwärmerisch. »Ihre Haut so weiß wie Schnee. Ihre Lippen so rot wie Blut und ihr Haar so schwarz wie Ebenholz … Sie muss wahrhaftig die Schönste im ganzen Land sein. Und ich bin jetzt hier, um bei Euch um ihre Hand anzuhalten.«

»Nun, sie war die Schönste im ganzen Land«, antwortete die Königin und tat, als zittere ihr vor Trauer die Stimme. »Es tut mir leid, Ihr kommt zu spät, Prinz. Der ganze Hof trauert um das arme Kind. Sie hat gestern einen Spaziergang im Wald gemacht und wurde von wilden Tieren in Stücke gerissen.«

»Sagt, dass das nicht wahr ist«, rief der Prinz entsetzt aus.

»Sie war so ein liebes Kind«, schluchzte die Königin in gespielter Trauer. »Sie war alles, was ich auf der Welt hatte.«

»Mir fehlen die Worte«, sagte der Prinz mit gepresster Stimme. »Wenn Ihr mich dann jetzt entschuldigen würdet …« Er stand auf, um zu gehen, doch die Königin hielt ihn zurück.

»Nein, bleibt hier und spendet mir Trost«, bat sie und umklammerte seine Hand. »Eine einsame Witwe würde sich freuen, Euch näher kennenzulernen.«

Aber der Prinz schüttelte den Kopf. »Majestät, ich möchte Euch in Eurer Trauer nicht weiter belästigen. Lebt wohl.« Er löste seine Hand aus ihrer und verließ den Raum.

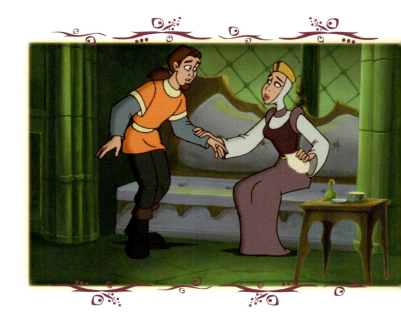

Der Jäger hatte an der Tür gelauscht und alles mit angehört. Als der Prinz nun durch das Schloss zum Ausgang eilte, hielt er ihn auf.

»Schneewittchen ist am Leben«, wisperte er ihm zu.

Sofort blieb der Prinz stehen.

»Ich habe sie selbst in den Wald gebracht«, berichtete der Jäger. »Und zwar wegen der Königin. Sie wollte, dass ich Schneewittchen töte, damit sie wieder die Schönste im ganzen Land ist.«

Der Prinz sah ihn erst entsetzt, dann erleichtert an. »Was? Ich muss sie suchen. Jetzt sofort! Kommt mit!«

Und so machten sich der Prinz und der Jäger auf den Weg in den Wald.

Die Königin hatte sich beleidigt in ihren Gemächern niedergelassen. »Was denkt sich dieser Prinz eigentlich?«, schimpfte sie vor sich hin. »Er könnte die begehrenswerteste Frau im ganzen Reich haben!« Sie überlegte. »Oder etwa nicht?« Sie stand auf und stellte sich vor den Zauberspiegel. »Spieglein, Spieglein an der Wand, wer ist die Schönste im ganzen Land?«, fragte sie.

Der Spiegel antwortete: »Königin, Ihr seid die Schönste hier. Aber Schneewittchen ist leider tausend Mal schöner als ihr.«

Die Königin starrte den Spiegel, empört an. »Was soll das heißen? Schneewittchen ist tot! Ich habe ihr Herz hier, in diesem Kästchen!« Sie zeigte auf das, was der Jäger ihr gebracht hatte.

»Nein«, antwortete der Spiegel. »Sieh selbst!« Im nächsten Moment blickte die Königin nicht mehr in den Spiegel, sondern in den Wald, wie in einer Zauber-

kugel. Sie sah für einen Moment Schneewittchen lebendig und gesund durch den Wald laufen, gemeinsam mit Yoyo und Doc Croc. Da lachte der Spiegel auf.

»Man hat Euch ausgetrickst!«, rief er, und die Königin wurde so wütend, dass sie beinahe das Kästchen in den Spiegel geworfen hätte. Doch weil sie damit seine Zauberkraft gebrochen hätte, beherrschte sie sich.

Nachdem Schneewittchen und die beiden Freunde lange im Wald herumgeirrt waren, entdeckten sie an einer Waldlichtung ein Häuschen.

»Seht nur!«, jubelte Schneewittchen.

»Wer wohnt denn da?«, fragte Yoyo erstaunt.

Die drei klopften an und stellten fest, dass niemand zu Hause war. Weil die Tür offen stand, traten sie ein.

In der bescheidenen Hütte war ein kleiner Tisch gedeckt. Sieben Teller und sieben Gläser standen ordentlich aufgereiht da. Auch Brot und Käse waren bereitgestellt.

»Das sieht ja lecker aus«, rief Yoyo aus, und weil er nach der langen Wanderung hungrig war, schnitt er sich ein Stück ab und biss hinein.

»Hey, Yoyo, du kannst doch nicht einfach den Käse aufessen«, sagte Doc Croc.

Yoyo ließ sich jedoch nicht stören und genoss seinen Imbiss. »Die haben bestimmt nichts dagegen«, behauptete er.

Und als nun auch Schneewittchen begann, von dem Brot zu essen, gab Doc Croc nach und aß ebenfalls. Bald schon hatten die drei alles aufgegessen und fielen müde in die Betten, die nebeneinander an der Hüttenwand aufgereiht waren.

»Wer mag hier wohl wohnen?«, fragte sich Schneewittchen und betrachtete die kleinen Betten. »Kinder vielleicht?«

Doch es waren keine Kinder, die hier mitten im Wald lebten. Es waren die sieben Zwerge. Tagsüber arbeiteten sie in einer Goldmine, und wenn sie mit der Arbeit fertig waren, liefen sie heim zu ihrer Hütte. Auf dem Weg sangen sie ein fröhliches Lied:

»Und bergab, ab, ab, ab
wir kommen immerzu.
Und wir schuf, schuf, schuften
ohne Rast und Ruh.
Wir klopfen Steine,
große und kleine,
bis sie glänzen in der Hand.
Und wir find, find, finden
jeden Diamant.

Als sie heute Abend nach Hause kamen, erwartete sie eine Überraschung.

»Hier war einer«, rief der Oberzwerg, als er das benutzte Essgeschirr sah.

»Und es wäre durchaus möglich, dass der immer noch da ist!«

Ängstlich blickten sich die Zwerge um und entdeckten schließlich Schneewittchen und die beiden Freunde, die friedlich schlummerten.

»Aufgewacht«, rief der Oberzwerg. »Euer Nickerchen ist vorbei.«

Schneewittchen öffnete die Augen, und als sie sah, wer da vor ihr stand, erschrak sie. Denn auch wenn sie klein waren, waren die sieben Zwerge raue Gesellen, und mit ihren Hacken und Hämmern wirkten sie regelrecht furchterregend.

»Wer seid ihr? Eine Räuberbande oder so was?«, fragte der Oberzwerg.

Inzwischen waren auch Yoyo und Doc Croc aufgewacht. »Nein, da irrt ihr euch gewaltig«, rief Doc Croc. »Wir sind keine Räuber, wir sind auf der Flucht.«

»Das ist Schneewittchen.« Yoyo wies auf das Mädchen. »Wir helfen ihr, vor ihrer bösen Stiefmutter zu fliehen.«

»Du bist Schneewittchen?«, riefen die Zwerge erstaunt. »Die Prinzessin?«

»Ja«, sagte das Mädchen. »Meine Stiefmutter wollte mich töten, aber meine beiden Freunde haben es geschafft, mich zu retten.«

»Töten?«, riefen die Zwerge entsetzt und begannen, alle durcheinanderzureden.

»Könnten wir vielleicht hierbleiben, nur für ein paar Tage?«, fragte Schneewittchen freundlich.

Die meisten Zwerge hatten nichts dagegen, und so hatten Schneewittchen, Yoyo und Doc Croc fürs Erste ein Dach über dem Kopf.

Im Schloss blickte die Königin derweil in ihren Zauberspiegel. »Ich habe sie gefunden«, sagte er. »Ich weiß jetzt genau, wo Schneewittchen steckt.« Er ließ die Königin das Häuschen im Wald sehen, in dem sich das Mädchen mit ihren Freunden verbarg. »Da ist sie. Hinter den sieben Bergen bei den sieben Zwergen.«

Die Königin nickte erleichtert. Dann überlegte sie. »Dieses Mal werde ich die Dinge selbst in die Hand nehmen«, sagte sie und beschloss, ihre Zauberkräfte einzusetzen, um das Mädchen zu töten.

Am nächsten Morgen zogen Yoyo und Doc Croc mit den sieben Zwergen zusammen ins Bergwerk. »Hey, Croci, wir graben in einer Goldmine, wie richtige Abenteurer!«, rief Yoyo begeistert.

»Also los, Freunde, seid ihr alle bereit?«, rief der Oberzwerg. »Vorwärts, marsch!«

»Glück auf!« Schneewittchen winkte ihnen nach, während sie davonzogen. Sie blieb allein zurück. »Dann fang

ich wohl mal an, mich nützlich zu machen«, sagte sie zu sich selbst und nahm sich einen Besen.

Der Prinz und der Jäger waren im Wald inzwischen schon ein ganzes Stück gelaufen. An einer Lichtung blieben sie stehen. »Genau hier haben wir uns getrennt«, sagte der Jäger. »Sie ist dann da runter gelaufen.« Er wies in die Ferne.

»Willst du mir helfen, sie zu finden?«, bat ihn der Prinz.

»Stets zu Diensten, mein Prinz«, antwortete der Jäger, und gemeinsam machten sie sich wieder auf den Weg.

In der Mine waren die Zwerge schwer bei der Arbeit. Doc Croc begutachtete die Wände mit seiner Lupe, und Yoyo schaute ihm ungeduldig zu. »Wann können wir endlich die Goldbarren einsammeln?«, fragte er.

»Das Gold muss erst geschmolzen werden«, erklärte Doc Croc. »Zunächst gräbt man danach, dann schmilzt man es, und dann werden Goldbarren daraus gemacht. Verstanden?«

Der Oberzwerg reichte Yoyo eine Hacke, doch sie war zu schwer für den kleinen Kerl, er konnte sie kaum aufheben und richtete mehr Unruhe an, als dass er half. Trotzdem war er sehr erschöpft, als sich alle wieder auf den Heimweg machten. »Mann, bin ich müde! Ich bin noch nie so fertig gewesen«, sagte er zu Doc Croc.

Als die Zwerge ihr Häuschen erreichten, blieben sie erstaunt stehen. Was war nur in ihrem Garten geschehen! Alle Sträucher waren geschnitten, die Bäume blühten schön wie nie zuvor, und vor der Tür stand eine Schale mit Blumen. Begeistert betrachteten die Zwerge die Pracht, die Schneewittchen vollbracht hatte. Doc Croc sah sich fragend um. Wo war das Mädchen? »Es ist so ruhig hier … Wo kann Schneewittchen nur sein?«

Yoyo lief zum Haus und öffnete die Tür. »Sie ist nicht mehr da!«, erkannte er erschrocken.

Sofort begannen alle Zwerge, nach dem Mädchen zu suchen, und riefen ihren Namen.

Schließlich entdeckte Doc Croc sie ohnmächtig auf der Veranda liegend und rief die anderen zu Hilfe. Alle umringten sie. »Was ist denn mit ihr?«, fragten die Zwerge.

»Psst«, machte Doc Croc und trat näher an das Mädchen heran. »Um Himmels willen, Schneewittchen! Sie atmet nicht mehr«, sagte er.

»Schneewittchen, nun sag was!«, jammerte der Oberzwerg.

Da kam Doc Croc ein Gedanke. Er zog eine Schere aus seiner Tasche und reichte sie Yoyo. »Schneid das Korsett auf«, wies er ihn an. Und kaum hatte Yoyo die straffen Bänder gelöst, öffnete Schneewittchen die Augen und richtete sich auf.

Alle atmeten erleichtert auf. »Was ist denn passiert, Schneewittchen?«, wollte der Oberzwerg wissen.

»Ich kann mich nur an eine nette alte Dame erinnern«, sagte sie. »Sie ist hier vorbeigekommen und hat mir dieses Korsett geschenkt.« Sie zeigte auf das Kleidungsstück, das inzwischen neben ihr am Boden lag. »Als sie weg war, habe ich es anprobiert. Und auf einmal ist es geschrumpft!«

»Wie denn?«, fragte Yoyo. »So ein Korsett kann doch nicht einfach von ganz allein schrumpfen.«

Doc Croc überlegte. »Vielleicht war es verzaubert«, vermutete er.

»Meinst du etwa, dass die Königin dahintersteckt?«, fragte Yoyo ängstlich.

»Sie muss gewusst haben, dass Schneewittchen noch am Leben ist«, meinte Doc Croc.

»Jetzt reicht es, Freunde«, sagte der Oberzwerg. »Ein paar von uns müssen morgen hier bei Schneewittchen bleiben.«

»Wir beide stellen uns freiwillig zur Verfügung, nicht wahr, Croci?«, meldete sich Yoyo.

Der Oberzwerg freute sich. »Ich danke euch. Ihr beiden seid wirklich sehr tapfer«, sagte er.

Zur selben Zeit stellte sich die Königin in ihrem Schloss wieder vor den Zauberspiegel. »Spieglein, Spieglein an der Wand, wer ist jetzt die Schönste im ganzen Land?«, fragte sie. Sie war sich sicher, dass sie Schneewittchen mit ihrem Zaubertrick getötet hatte und nun selbst die Schönste war. Doch der Spiegel hatte eine andere Antwort für sie parat. »Immer noch Schneewittchen«, sagte er. »Du hast es schon wieder verbockt. Da kamen so ein paar komische Zwerge und haben sie gerettet.«

Die Königin war rasend vor Wut. »Na warte, du kannst was erleben«, wetterte sie. »Dich werde ich schon noch kriegen, du liebes Kind, entweder so oder so.«

Von all dem ahnte Schneewittchen nichts. Wie am Vortag machte sie sich nützlich im Haus der Zwerge und hängte Gardinen auf. »Jetzt sieht es schon viel schöner aus«, sagte sie zu Yoyo und betrachtete ihr Werk.

Doc Croc saß am Tisch und blickte in sein Mikroskop. »Was machst du da, Croci?«, fragte Yoyo.

»Ich untersuche ein paar Gesteinsbrocken aus der Mine«, sagte er. Das wollte Yoyo auch sehen und schubste seinen Freund vom Stuhl.

»Was soll das?«, beschwerte sich Doc Croc, aber Yoyo hatte nur Augen für die Steine.

»Schau nur, wie sie funkeln und glitzern«, staunte er.

»Und besonders interessant sind die verschiedenen Schattierungen hier …« Doc Croc zeigte Yoyo einige Besonderheiten, und so bekamen sie nicht mit, dass eine alte Frau des Weges kam, die schwer schnaufend einen Handwagen vor sich herschob. Schneewittchen sah sie und bekam Mitleid. Kurz entschlossen lief sie aus dem Haus. »Warte, ich helfe dir«, rief sie der alten Frau zu. »Der Wagen ist viel zu schwer für dich.«

Die alte Frau ließ sich nicht lange bitten. »Herzlichen Dank, meine Liebe«, sagte sie und trabte neben Schneewittchen her, die nun für sie den Wagen durch den Wald schob. An einer Weggabelung trennten sie sich. »Vielen Dank, mein Kind«, bedankte sich die alte Frau.

»Nicht der Rede wert«, antwortete Schneewittchen. »Ich bin froh, dass ich dich gesehen habe.«

»Du hast ein gutes Herz«, sagte die Frau und griff in ihren Karren. »Ich hab da noch was für dich …« Sie reichte ihr einen bunten Kamm und einen Spiegel. »Das ist für dein wunderbares schwarzes Haar.«

»Das kann ich nicht annehmen!«, sagte Schneewittchen bescheiden, aber die alte Frau bestand darauf, bevor sie sich verabschiedete.

Yoyo und Doc Croc schauten sich noch immer bewundernd die Steine im Mikroskop an. Als Doc Croc plötzlich auffiel, dass Schneewittchen fehlte, sahen die beiden suchend aus dem Fenster. Sie sahen gerade noch, wie Schneewittchen mit dem Kamm im Haar bewusstlos zu Boden sank.

»Oh nein!« Eilig liefen die Freunde nach draußen und beugten sich zu dem Mädchen herunter. »Was ist nur passiert?« Sie begannen, sie zu schütteln. »Wach auf, Schneewittchen!« Durch die Bewegung löste sich der Kamm, und kaum war er heraus, schlug das Mädchen die Augen wieder auf.

»Wo bin ich hier? Was ist denn passiert?«, fragte sie verwirrt.

»Du warst ohnmächtig«, erklärte Yoyo.

»Ich kann mich an fast nichts mehr erinnern.« Schneewittchen stand auf. »Da war diese nette alte Frau … Ich habe ihr geholfen. Und zum Dank hat sie mir diesen Kamm geschenkt.«

Doc Croc verstand sofort: Dies war sicher wieder die böse Königin in einer Verkleidung gewesen, die Schneewittchen töten wollte.

Als die sieben Zwerge von der Arbeit nach Hause kamen, erzählte er ihnen, was geschehen war.

»Das gefällt mir gar nicht«, sagte einer der Zwerge geschockt.

»Mir auch nicht«, meinte ein anderer. »Erst ein Korsett, das von selber schrumpft und sie fast umbringt, und dann kriegt sie auf einmal diesen Kamm, von dem sie ohnmächtig wird.«

»Es tut uns so leid«, sagte Yoyo. »Es ging alles so schnell!«

»Morgen werdet ihr sie nicht aus den Augen lassen«, antwortete der Oberzwerg und ordnete an, dass zusätzlich einer der Zwerge auf das Mädchen aufpassen solle.

Und so geschah es. Schneewittchen blieb mit den beiden Freunden und einem der Zwerge im Haus zurück, während sich die fleißigen Bergwerker auf den Weg zur Arbeit machten.

»Wir werden bestimmt gut auf dich aufpassen«, sagte Yoyo.

Da klopfte eine Frau ans Fenster. »Entschuldigt, wenn ich störe«, sagte sie freundlich. »Ich hab mich wohl verirrt. Ich laufe schon seit Stunden durch den Wald. Könntest du so nett sein und mir erklären, wie ich hier rauskomme?«, fragte sie Schneewittchen.

»Ja natürlich«, antwortete das Mädchen hilfsbereit. »Du bleibst auf diesem Weg,

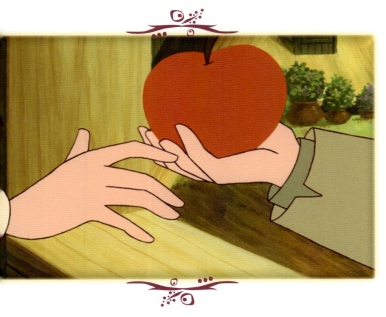

bis du zu einer großen Eiche kommst. Dann gehst du nach links, und in ein paar Stunden bist du raus aus dem Wald.«

»Vielen herzlichen Dank«, sagte die Frau. »Du hast mir sehr geholfen, mein liebes Kind.« Sie griff in ihre Tasche und zog einen roten Apfel heraus. »Hier, ich hab da was für dich.«

Nachdem sie gegangen war, musterte Doc Croc den Apfel kritisch. »Ich nehm den mal, wenn du nichts dagegen hast«, sagte er und betrachtete ihn von allen Seiten.

»Sieht sehr lecker aus«, sagte der Zwerg.

»Ja«, gab Doc Croc zu. »Und wenn er vergiftet ist wie der Kamm, sollte ich ihn erst mal probieren.«

»Aber …«, protestierte Yoyo erschrocken. »Dann kannst du dich ja auch vergiften, Croci!«

Doch der lachte nur. »Ein alter Bücherwurm wie ich? Davon bekomme ich höchstens ein bisschen Magendrücken!«, meinte er und biss herzhaft in die Frucht hinein.

»Merkst du was?«, fragte Yoyo nervös.

»Es schmeckt einfach prima«, sagte Doc Croc nur und aß weiter. »Ich würde sagen, der Apfel ist völlig in Ordnung.« Er reichte ihn Schneewittchen.

»Sieht lecker aus«, sagte das Mädchen und biss von der anderen Seite ab. »Schmeckt auch gut …« Ehe sie ihren Satz beenden konnte, sank sie erneut bewusstlos zu Boden. In diesem Moment verfärbte sich der Apfel grün. Auf der Seite, in die Schneewittchen gebissen hatte, war er vergiftet wie der Kamm und das Korsett. Sie hatten sich erneut von der bösen Königin hereinlegen lassen.

»Oh nein, nicht schon wieder«, stöhnte Yoyo.

Dieses Mal konnten sie Schneewittchen nicht retten, da sie den vergifteten

Apfel bereits verschluckt hatte. Sie wurde von den Zwergen in einen blumengeschmückten Sarg gebettet, und alle weinten und trauerten um das schöne Mädchen.

Yoyo versuchte Doc Croc zu trösten. »Es war nicht deine Schuld«, sagte er. Doch der kleine Professor ließ sich nicht beruhigen. »Warum hab ich nur in die falsche Hälfte gebissen?«, jammerte er.

Während noch alle weinten und klagten, betraten der Prinz und der Jäger die Lichtung vor dem Zwergenhaus. Sie hatten lange nach Schneewittchen gesucht und endlich den richtigen Ort gefunden. Als der Jäger sah, wer dort in dem geöffneten Sarg lag, schlug er verzweifelt die Hände über dem Kopf zusammen. »Das ist sie, edler Herr«, sagte er zu dem Prinzen. »Das ist Schneewittchen.«

Der Prinz schloss entsetzt die Augen. »Wie konnte das nur passieren?«, fragte er und kniete sich neben das tote Mädchen. »Ihre Haut ist so weiß wie Schnee, ihre Lippen so rot wie Blut, ihr Haar so schwarz wie Ebenholz.«

»Wir haben versucht, sie so gut wie möglich zu beschützen«, sagte Yoyo.

»Wenn ihr erlaubt, möchte ich sie auf dem Schlossfriedhof begraben«, bat der Prinz.

Gesagt, getan.

Der Sarg wurde von den Zwergen auf einen Leiterwagen geladen, das Pferd des Prinzen eingespannt, und alle machten sich gemeinsam mit dem Jäger und dem Prinzen auf Schneewittchens letzten Weg.

Die Königin war inzwischen in ihr Schloss zurückgekehrt. Sie verwandelte sich von der alten Frau zurück zu ihrer eigentlichen Gestalt und stellte sich vor den Spiegel. »Sag nicht, dass es dieses Mal wieder nicht geklappt hat«, sagte sie, und

der Spiegel ließ sie sehen, wie der Sarg auf dem Leiterwagen durch den Wald gefahren wurde.

Hämisch lachte sie auf. »Ich habe gesiegt«, rief sie schadenfroh. »Ich bin sie ein für alle Mal los.«

Die Königin sah nicht, was einen Moment später auf dem Waldweg geschah. Der Leiterwagen fuhr über einen so großen Ast, dass alle, die darauf saßen, herumgeschüttelt wurden. Das Apfelstück, das nur in Schneewittchens Hals gesteckt hatte, löste sich und sprang heraus, und gleich darauf machte sie die Augen auf.

Als die Königin kurz danach den Spiegel befragte, wer die Schönste im ganzen Land sei, antwortete er: »Frau Königin, Ihr seid die Schönste hier. Aber Schneewittchen ist immer noch schöner als Ihr!«

Die Königin wurde so wütend, dass sie den Zauberspiegel zerschlug. In diesem Moment endete nicht nur seine Zauberkraft, sondern auch jener Zauber, der aus der Königin eine so schöne Frau gemacht hatte. Ihr Kinn wurde spitzer, das Gesicht bekam Falten, und zuallerletzt löste sie sich vollständig auf. Die böse Königin gab es nicht mehr.

Als Schneewittchen vom Leiterwagen aufstand, konnten die anderen nicht glauben, was sie da sahen. »Schneewittchen lebt!«, rief Yoyo, und alle begannen zu jubeln und zu klatschen.

»Meine Prinzessin«, sagte der Prinz mit erstickter Stimme. »Das ist wahrhaftig ein Wunder.« Er hob das Mädchen vom Wagen, und zum ersten Mal sahen sich die beiden in die Augen.

»Sie hatte das Apfelstück gar nicht richtig heruntergeschluckt«, stellte Doc Croc glücklich fest. »So konnte das Gift nicht richtig wirken.«

»Ich werde dir jetzt meine Geschichte erzählen«, sagte der Prinz zu Schneewittchen. »Die Geschichte von meiner Suche nach einem Mädchen, das ich über alles liebe.«

»Hat die Geschichte ein gutes Ende?«, fragte Schneewittchen.

Der Prinz lächelte. »Kommt alle mit auf mein Schloss, um diesen wunderschönen Tag mit uns zu feiern«, rief er den Zwergen und Yoyo und Doc Croc zu.

»Das ist ja toll!«, rief der Oberzwerg und sah die beiden Freunde an. »Und wenn das Ganze hier vorbei ist, könnt ihr bei uns in der Mine arbeiten.«

»Das wären dann Schneewittchen und die neun Zwerge«, bemerkte ein anderer.

»Croci, bitte nicht«, wisperte Yoyo erschrocken. Sein Freund verbeugte sich vornehm.

»Ihr müsst uns leider entschuldigen, wir müssen weiter«, sagte er.

»Jetzt schon?«, fragte Schneewittchen enttäuscht.

»Ich fürchte, es warten noch andere Abenteuer auf uns«, sagte Yoyo, und die beiden riefen: »*Simsa ... Simsala ... SimsalaGrimm!*«

Wie auf Befehl erschien das Zauberbuch, die beiden Freunde nahmen Platz, und das Buch erhob sich in die Lüfte.

»Danke für eure Hilfe«, riefen der Prinz, Schneewittchen und die sieben Zwerge. »Es wäre schön, euch einmal wiederzusehen.«

Und wenn sie nicht gestorben sind, dann leben sie noch heute.

Vor langer, langer Zeit, als Wunder noch Wirklichkeit waren, gab es eine Zauberformel, die die Tore in das Märchenland von Simsala öffnete, jenem magischen Ort, an dem all die berühmten Helden leben und alle Märchen ihr Zuhause haben: *Abrakadabra, SimsalaGrimm*.

Auf dem Dachboden in einem alten Haus lag auf einem verstaubten Regal ein dickes Buch. Es war ein ganz besonderes Buch, eines, das Geschichten zum Leben erweckte. Es kannte die magische Zauberformel. Ganz von selbst flog es los zu Doc Croc, dem klugen, schüchternen Bücherwurm, und dem vorwitzigen Yoyo.

»Seid ihr bereit für ein neues Abenteuer?«, fragte das Buch.

Die beiden Freunde jubelten. »Na klar sind wir das! Und ob!« Sie sprangen vor Freude los, rutschten aber aus und fielen vom Regal. »Uuuuiiuiui!«, schrien sie. »Aaaaahhhh! Vorsicht!«

Da fing das weit aufgeschlagene Märchenbuch sie auf und erhob sich mit ihnen wie ein fliegender Teppich in die Lüfte.

Gemeinsam durchquerten sie Zeit und Raum, bis sie über eine wunderschöne Landschaft mit vielen Bäumen flogen. Doch oh Schreck: Direkt über einem Teich warf das Buch die beiden Freunde ab, sie taumelten durch die Luft und landeten auf einem Seerosenblatt. Während Yoyo begeistert auf dem Blatt auf und ab hüpfte wie auf einem Trampolin, betrachtete Doc Croc interessiert die Blüte. »Faszinierend. Hier haben wir es mit einem besonders schönen Exemplar der Gemeinen Seerose zu tun«, sagte er. »Fälschlicherweise auch Wasserlilie genannt und …«

»Sei mal ruhig«, unterbrach ihn Yoyo und lauschte. Hatte da nicht eben jemand gesprochen?

Am Rand des Teichs saß ein Mann neben einer Kutsche. »Ach, mein Prinz. Mein armer, armer Prinz!«, jammerte er vor sich hin. Die beiden Freunde sahen sich erst fragend an und sprangen dann von Seerosenblatt zu Seerosenblatt, bis sie schließlich an Land vor dem Mann zum Stehen kamen.

»Was soll nur aus uns werden, lieber Gott, was sollen wir jetzt bloß tun?«, klagte dieser weiter. Um seine Brust war eine Eisenkette geschlungen, die mit einem großen Schloss versehen war.

Yoyo zog an der Kette, und der Mann zuckte zusammen.

»Du hast mich zu Tode erschreckt«, rief er und atmete erleichtert auf, als er Yoyo sah. »Gott sei Dank. Ich hab gedacht, es sei wieder die Zauberin.«

»Oh, entschuldige bitte. Wir haben uns nur gefragt, ob bei dir alles in Ordnung ist«, sagte Yoyo.

»Das kann man wohl kaum behaupten«, stöhnte der Mann. »Wer seid ihr zwei eigentlich?«

»Ich bin Yoyo, der Held der tausend Abenteuer seit … na ja, eigentlich schon immer.«

»Wenn ich mich vorstellen darf: Croc.« Der Bücherwurm lüftete seinen Hut. »Privatgelehrter, Philosoph, Naturwissenschaftler …«

»Quasselstrippe nicht zu vergessen«, unterbrach ihn Yoyo. »Dieser Mann hat Kummer!« Er wandte sich wieder an den Fremden. »Hast du eben gerade Zauberin gesagt?«

»Und was bedeutet diese Kette?«, wollte Doc Croc wissen.

»Mein Name ist Heinrich«, stellte sich der Mann vor. »Ich bin der Leibkutscher des edlen Prinzen Eduard.« Er schlug die Hände vor die Augen. »Ach, wären wir doch beide ertrunken.«

»Ertrunken?«, riefen die Freunde entsetzt. »Was meinst du denn damit?«

»Das ist eine lange, traurige Geschichte!«, sagte Heinrich. »Wollt ihr sie wirklich hören?«

»Natürlich wollen wir das«, sagte Yoyo.

»Also gut.« Der Kutscher holte tief Luft und begann zu erzählen. »Die Geschichte begann, als der Prinz beschlossen hatte, unter den Töchtern des Königs eine Braut zu wählen. Wir waren gerade auf dem Weg zu seinem Schloss, als plötzlich undurchdringbarer Nebel niedersank.« Heinrich schilderte, wie die Kutsche vom Weg abkam und in den Teich schlitterte, wo sie langsam zu sinken begann. Verzweifelt riefen Heinrich und der Prinz um Hilfe. »Es war eine schreckliche Situation. Aber bei Weitem noch nicht so schrecklich wie das, was kommen sollte.« Wie aus dem Nichts tauchte eine dunkel gekleidete Frau am Ufer auf, erzählte Heinrich weiter:

»Hat irgendjemand hier um Hilfe gerufen?«, fragte die Frau.

»Dem Himmel sei Dank«, rief Heinrich ihr zu. »Helft uns bitte. Wir ertrinken!«

»Ach, tatsächlich?« Die Frau musterte die beiden Männer, die auf dem Kutschendach kauerten. »Ihr Ärmsten.«

»Ich bin Prinz Eduard«, sagte der Prinz. »Wenn Ihr uns hier herausholt, werde ich Euch großzügig entlohnen.«

»Natürlich helfe ich Euch«, antwortete die Frau. »Ich werde euch im Nu aus dieser misslichen Lage befreien.«

»Danke, habt vielen Dank, gute Frau«, rief ihr Heinrich erleichtert zu.

Da hielt die Frau mahnend einen Finger in die Luft. »Aber nur unter einer Bedingung«, sagte sie. »Ihr müsst mir einen Wunsch erfüllen.«

»Ja, natürlich«, versprach der Prinz. »Alles, was Ihr wollt, nur bitte beeilt Euch!«

»Na dann, also los!«, rief die Frau und hob die Hände. Wie von Zauberhand erhob sich die Kutsche aus dem Wasser, schwebte einen Moment in der Luft und landete sanft wieder an Land. Hermann und der Prinz kletterten vom Dach herab.

»Das war ein beachtliches Zauberkunststück, alte Frau«, rief der Prinz begeistert und zog einen Lederbeutel mit Goldstücken aus der Tasche. »Daher nehmt das hier, als Zeichen des Dankes von Prinz Eduard. Für Eure Freundlichkeit und Hilfe.«

Die Frau betrachtete das Gold, während Heinrich und der Prinz die Weiterfahrt vorbereiteten. »Komm, Heinrich, die Prinzessinnen warten schon.«

Da baute sich die Zauberin vor den beiden auf.

»Ist etwas nicht in Ordnung?«, fragte der Prinz irritiert.

»Ich habe noch einen Wunsch frei, habt ihr das vergessen?« Die Zauberin funkelte ihn böse an.

Der Prinz sah die Frau erstaunt an. »Ich muss doch sehr bitten, was könntet Ihr Euch anderes wünschen als einen königlichen Batzen Gold?«

»Ich habe nur einen winzigen, bescheidenen, klitzekleinen Wunsch«, sagte die Zauberin. »Ich möchte, dass Ihr *mich* zu Eurer Braut nehmt.«

Der Prinz brach in schallendes Gelächter aus. »Hast du das gehört, Heinrich? Das ist ulkig, findest du nicht auch?«, fragte er seinen Leibkutscher. Er dachte, die Zauberin hätte einen Witz gemacht, und auch Heinrich fand die Bitte erheiternd.

Die Zauberin beobachtete die beiden. »Ihr seid also erfreut?«, sagte sie schließlich. »Gut! Gut. Ich bin sicher, wir beide werden sehr glücklich miteinander.«

Da blieb dem Prinzen das Lachen im Halse stecken. »Gute Frau, verzeiht mir«, sagte er. »Wie soll ich mich ausdrücken? Was Ihr wünscht, ist unmöglich.«

»So?« Die Zauberin trat auf ihn zu und packte ihn am Hals. »Du glaubst wohl, ich bin nicht hübsch genug für dich? Hab ich recht?«

»Nein, natürlich nicht! Sie sind wirklich eine der erstaunlichsten Frauen, die ich je kennengelernt habe«, stotterte der Prinz, als die Zauberin ihn endlich wieder losgelassen hatte. »Aber als Prinz darf ich natürlich nur eine echte Königstochter heiraten.« Er sah sie entschuldigend an. »Tut mir leid, das ist bei uns Tradition.«

Da begann die Zauberin zu wachsen und zu wachsen, bis sie weit über dem Prinzen emporragte. »Du wagst es, dein Wort zu brechen, du eitler Fatzke?«, keifte sie. »Das sollst du mir mit deinem erbärmlichen Leben büßen.«

Sofort warf sich Heinrich zwischen die Zauberin und seinen Herrn. »Nein! Habt Erbarmen, große Zauberin, und lasst den Prinzen am Leben.«

Die Zauberin betrachtete Heinrich spöttisch. »Er ist wirklich ganz reizend und unterwürfig, dein kleiner Lakai«, sagte sie schließlich zum Prinzen. »Wo hast du ihn aufgegabelt?«

»Heinrich war schon immer mein vertrauter Diener.« Der Prinz sprang auf. »Ach bitte, hört auf ihn.«

»Von mir aus«, antwortete die Zauberin da. »Ich gebe dir noch eine Chance. Da du mich um einer Prinzessin willen verschmäht hast, sollst du mir erst einmal beweisen, ob du überhaupt eine Prinzessin verdient hast!«

»Wie kann ich so etwas beweisen?«, fragte der Prinz.

»Ganz einfach«, sagte die Zauberin. »Findest du eine Prinzessin, die bereit ist, dich von ihrem Teller essen und aus ihrem Becher trinken zu lassen, die willens ist, dich in ihrem Bett schlafen zu lassen, und sich darüber hinaus nicht scheut, dir einen Kuss zu geben … dann werde ich dich verschonen.«

»Mit ihr den Becher teilen? In ihrem Bett schlafen?«, fragte der Prinz erstaunt. »Ich bin der stattlichste Prinz weit und breit, und mein Vater ist ein mächtiger König. Warum sollte mir das wohl schwerfallen?«

»Darum, mein hübsches Bürschchen!«

Die Zauberin hob erneut die Hände, Blitze zuckten auf, und als Heinrich zu seinem Herrn sah, war dieser verschwunden. Dort, wo er gestanden hatte, hockte ein kleiner grüner Frosch.

»Quak«, machte der Frosch und begann zu sprechen. »Mir ist irgendwie komisch zumute, Heinrich. Ist alles in Ordnung mit mir?«

Heinrich konnte seinen Augen kaum trauen. »Euer Hoheit, es ist alles in Ordnung mit Euch … abgesehen davon, dass Ihr in einen Frosch verwandelt seid!«

Da blickte der Prinz an sich herunter, und als er sah, was aus ihm geworden war, schrie er entsetzt auf. Dann starrte er die Zauberin böse an. »Jetzt hör mir mal gut zu … quak, quak … sofort verwandelst du mich zurück, sonst …«

»Sonst was?« Die Zauberin lachte boshaft, und nach einem lauten Knall war sie selbst in einen Storch verwandelt. Drohend senkte sie ihren großen Schnabel auf den Frosch. »Und wenn du der königlichen Familie auch nur ein Sterbenswörtchen verrätst, komme ich und fresse dich bei lebendigem Leibe.« Sie erhob sich in die Lüfte. »Ich werde dich genau beobachten«, rief sie, bevor sie verschwand.

»… Seitdem hat mein Herr alle Hoffnung auf Erlösung verloren«, beendete Heinrich seine Erzählung. »Und aus Angst, mir könne das Herz vor Kummer zerspringen, habe ich mir diese Kette um die Brust gebunden.«

»Tja, aber jetzt sind wir hier«, sagte Yoyo. »Du wirst die Kette nicht mehr lange brauchen.«

»Meinst du wirklich?«, fragte Doc Croc skeptisch, doch Yoyo hatte keinen Zweifel.

»Natürlich!«, rief er. »Das Schicksal ist dir gewogen, mein Freund. Denn zusätzlich sind wir beide Spezialisten für knifflige Fälle.«

»Wo ist denn überhaupt der verzauberte Prinz?«, wollte Doc Croc wissen, und Heinrich wies zum Teichufer, wo ein grüner Frosch auf einem Blatt kauerte.

»Ach da«, rief Yoyo. »Na, dann wollen wir ihm mal die Froschschenkel schütteln.«

Die drei machten sich auf den Weg zu dem königlichen Frosch. Heinrich ging vor ihm in die Knie. »Entschuldigt vielmals, Euer Hoheit«, sagte er. »Diese beiden Herrschaften möchten gern mit Euch Bekanntschaft schließen. Sie denken nämlich, dass sie Euch helfen können.«

Der verzauberte Prinz wollte das nicht glauben. »Niemand kann mir helfen, quak, quak«, sagte er traurig. »Ich sitze hier schon seit Ewigkeiten, und nicht eine einzige Prinzessin ist in meine Nähe gekommen.«

»Warum wartet Ihr denn nicht im Schlossgarten?«, fragte Yoyo verblüfft. »Da wäre die Chance viel größer, eine Prinzessin zu treffen.«

»Quak, quak … Im Schlossgarten gibt es leider keinen Teich …«, klagte der Prinz.

»Das ist ein triftiger Grund«, sagte Doc Croc. »Aber Moment mal, wer sagt denn, dass ein Frosch immer in einem Teich leben muss?« Er überlegte kurz. »Folgt mir«, rief er dann. »Ich habe eine Idee.«

»Worauf wartet Ihr noch?«, fragte Yoyo. »Er hat immer tolle Ideen. Glaubt mir.«

Im Schlossgarten blickte sich der Frosch verwirrt um. »Ohne Wasser kann ich nicht leben«, sagte er ängstlich.

»Ihr seid ganz nah am Ziel, Euer Hoheit«, beruhigte Doc Croc ihn. »Es ist alles nur eine Frage der Zeit.« Er zeigte ihm an, sich am Rand eines Brunnen niederzulassen, und flüsterte ihm noch schnell den Plan ins Ohr. Die beiden Freunde und Heinrich versteckten sich.

Bald schon kamen die drei Töchter des Königs in den Garten gelaufen und warfen eine goldene Kugel hin und her. Doch sie passten nicht richtig auf, und die Kugel landete laut platschend im Brunnen. Entsetzt sahen sich die Prinzessinnen an. »Was sollen wir jetzt bloß tun?«, riefen sie. »Wie sollen wir es Vater erklären, dass wir seine kostbare Kugel verloren haben?«

Der Prinz sah seine Chance gekommen und sprang den Prinzessinnen vor die Füße. Die zuckten erschrocken zurück. »Igitt, das ist ja ein Frosch!«, riefen sie.

Der Prinz verbeugte sich artig. »Verzeiht mir, edle Fräulein, darf ich Euch zu Hilfe eilen?«, fragte er. »Als Gegenleistung erbitte ich mir dafür nur einen einzigen, klitzekleinen Wunsch.«

»Wie kannst du dich unterstehen? Siehst du nicht, dass wir Prinzessinnen sind?«, keifte eine der Königstöchter.

»Du hast dir von uns nichts zu wünschen! Du bist ein glitschiger, hässlicher Frosch«, schimpfte ihre Schwester.

»Warum seid ihr bloß so unfreundlich zu ihm?«, fragte die Jüngste entsetzt. »Er wollte uns nur helfen. Nicht wahr, kleiner Frosch?«

Der Prinz lächelte sie dankbar an.

»Dann sprich du doch mit ihm«, sagte die älteste Prinzessin spöttisch. »Wir beide gehen jetzt zum Essen.«

»Und wenn Vater uns fragt, wo seine goldene Kugel ist, sagen wir ihm, du hast sie in den Brunnen geworfen«, erklärte die dritte Königstochter, und boshaft kichernd machten sich die beiden Mädchen davon.

»Bitte entschuldige meine Schwestern, aber es wäre sehr freundlich von dir, uns zu helfen«, sagte die jüngste Prinzessin zu dem Frosch. »Wenn du die goldene Kugel zurückholst, erfülle ich dir jeden Wunsch.«

»Danke schön! Vielen, vielen Dank«, rief der Prinz und verneigte sich. Dann sprang er in den Brunnen hinein. Er brauchte eine Weile, um die schwere Kugel in dem trüben Wasser zu finden, doch schließlich tauchte er mit ihr nach oben und reichte sie der Prinzessin.

Sie sah ihn glücklich an. »Vielen Dank, lieber Frosch«, rief sie. »Und jetzt sage mir: Was wünschst du dir als Dank von mir?«

Der Prinz strahlte sie an. »Ich würde gern am selben Tisch mit dir sitzen, von deinem goldenen Teller essen, aus deinem goldenen Pokal trinken und dann in deinem seidenen Bettchen schlafen«, zählte er freundlich auf.

Die Prinzessin riss entsetzt die Augen auf. »Was unterstehst du dich?«, rief sie aus. »Du kannst meine goldenen Perlen haben, meine Juwelen und sogar meine goldene Krone, aber das geht zu weit. Du verlangst, in meinem Bett zu schlafen?«

Der Prinz nickte. »Ja, du hast es mir versprochen«, antwortete er schlicht. »Du hast mir dein Wort gegeben, quak.«

»Kommt nicht infrage!«, sagte die Prinzessin entschlossen. »Du bist ein unverschämter, schleimiger Frosch.« Sie setzte ihm ihr Krönchen auf, das perfekt passte. »Hier ist meine Krone, und mehr bekommst du nicht!« Ohne sich noch einmal umzudrehen, stapfte sie zum Schloss zurück.

Traurig blieb der Prinz zurück. »Oh, ich habe es vermasselt«, jammerte er. »Noch nie bin ich so gedemütigt worden. Und dabei habe ich noch nicht einmal erwähnt … quak … dass sie mich küssen muss!«

Heinrich, Yoyo und Doc Croc hatten in ihrem Versteck alles mit angesehen. »Das war es dann«, stöhnte Heinrich. »Aus und vorbei.«

Der Prinz hatte sich mittlerweile einen schweren Stein um den Froschhals gehängt. »Lebe wohl, du schnöde Welt«, rief er dramatisch und ließ sich in den Brunnen plumpsen. Er glaubte, dass er sich auf diesem Weg ertränken könne, doch sein treuer Heinrich zog ihn rechtzeitig wieder heraus. »Hoheit, schenkt mir Gehör«, sagte er verzweifelt.

»Ich kann nicht mehr, mein Leben ist sinnlos geworden«, klagte der Prinz.

Da mischte sich Yoyo ein. »Es ist doch klasse gelaufen! Immerhin habt Ihr ihr Versprechen, oder etwa nicht?«, sagte er.

Der Prinz hörte ihm gar nicht zu. »Ich ertrag das nicht mehr länger«, heulte er.

»Majestät«, sagte da Doc Croc laut, »rein juristisch habt ihr das Recht auf Eurer Seite. Ein königlicher Eid darf nicht gebrochen werden.«

»Vielleicht«, gab der Prinz zu. »Aber die Prinzessin ist wunderschön. Sie hat etwas Besseres verdient als mich, einen ekligen, schleimigen Frosch. Quak.«

»Ihr seid kein ekliger, schleimiger Frosch«, erinnerte Yoyo ihn. »Ihr seid ein Prinz.«

»Und zwar der stattlichste Prinz weit und breit«, fügte Heinrich hinzu.

»Ihr habt recht«, sagte der Prinz da, und sein breites Maul verzog sich zu einem Lächeln. »Ihr habt recht! Das muss ich mir immer vor Augen halten. Ich bin …quak, quak … ich bin ein Prinz!«

Alle lachten erleichtert, dass der junge Königssohn neuen Lebensmut gefunden hatte. Heinrich hob sich den Frosch auf die Schulter. »Also, Euer Hoheit, wenn Ihr bereit seid, würde ich sagen, wir fahren fort mit Plan B«, sagte er, und alle vier machten sich auf den Weg zum Schloss.

*»Du Königstochter, jung und fein,
denk an dein Wort
und halt es ein, quak, quak!«*,

dichtete der Prinz wohlgemut.

Als die beiden Freunde mit Heinrich und dem Prinzen kurz vor dem Schlosstor standen, kam ein großer Vogel angeflogen. Es war die Zauberin, die sich wieder in einen Storch verwandelt hatte. »Mach bloß keinen Fehler, mein kleiner Prinz«, warnte sie. »Ein einziges Wort zur königlichen Familie, und in meiner Bratpfanne brutzeln köstliche Froschschenkel!« Boshaft lachend flatterte sie davon.

Das Schlosstor stand offen, und der Prinz hopste die Stufen zu den Gemächern hinauf. Die anderen folgten ihm. »Heinrich, du solltest dich mal im Schlafzimmer umsehen«, sagte Yoyo. »Wir müssen aufpassen, dass uns die alte Hexe nicht in die Quere kommt. Sie schwirrt hier ja schon ganz in der Nähe herum.« Heinrich verstand und entfernte sich.

Im Speisesaal saß die königliche Familie mit den drei Töchtern beim Abendessen.

»Hallo, ich suche des Königs Töchterlein«, rief der Prinz durch die geschlossene Tür. »Sie ist die Schönste von den dreien.«

»Wer um alles in der Welt ist denn das?«, empörte sich die Königin.

»Mathilde, öffne bitte die Tür«, sagte der König zu seiner jüngsten Tochter.

»Ach, Vater«, wehrte sie ab. »Ich esse gerade.«

»Tu, was dein Vater sagt, Mathilde, auf der Stelle«, mahnte die Königin, und das Mädchen ging zur Tür.

Als sie den Frosch am Boden entdeckte, erschrak sie. »Ich hab es dir schon gesagt«, warnte Mathilde. »Und ich möchte es dir nicht noch einmal sagen. Mach, dass du wegkommst!« Und sie zog ihm die Tür vor der Nase zu.

»Nun, wer war das, meine Kleine?«, fragte der König. »Etwa ein Riese, der dich rauben wollte?« Er lachte.

»Nein, Vater«, antwortete Mathilde. »Nur ein garstiger kleiner Frosch.«

»Ein Frosch? Hat sie Frosch gesagt?«, antwortete die Königin entsetzt.

»Ich glaube, das hat sie«, sagte der König. »Mathilde, ich versteh nicht ganz … Was soll ein Frosch von dir wollen?

Mathilde stand auf, und flüsterte ihrem Vater ins Ohr: »Ich habe ihm ein Versprechen gegeben, weil er mir die goldene Kugel aus dem Brunnen geholt hat«, gestand sie. »Aber ich konnte ja nicht ahnen, was er sich zum Dank dafür von mir wünschen würde.« Leise wispernd verriet sie ihrem Vater, was geschehen war.

Da erklang wieder die Stimme des Prinzen durch die Tür. »Bitte, Prinzessin, erinnert Ihr Euch nicht? Ihr habt mir Euer Wort gegeben. Ihr habt es mir beim kalten Wasser des tiefen Brunnens versprochen! Bitte, öffnet die Tür und haltet Euer Wort.«

Da schlug der König mit der Faust auf den Tisch. »Jetzt reicht es. Ich habe genug davon«, sagte er. »Mathilde, was man versprochen hat, muss man auch halten. Öffne die Tür!«

»Vater …«, versuchte das Mädchen davonzukommen, doch der König blieb bei seinem Wort.

Gleich darauf hopste der Prinz als Frosch herein. »Was für ein schöner Speisesaal«, rief er. »Fast so schön wie meiner!«

Hinter dem Frosch betraten auch Yoyo und Doc Croc den Saal. »Wir waren zufällig anwesend, als Eure wunderschöne Tochter dem Prinzen ihr Wort gegeben hat«, sagte der Bücherwurm zum König.

»Oder eigentlich dem Frosch«, korrigierte Yoyo ihn schnell. »Wir wollen dafür sorgen, dass sie auch ihr Wort hält, Majestät.«

»Das ist doch nett, nicht?«, sagte der Prinz. »Das sind Freunde von mir.«

»Das glaubt mir kein Mensch!«, ächzte der König. »Mathilde, würdest du bitte diesen Frosch zu Tisch bitten und damit beweisen, dass das Wort einer Prinzessin auch heute noch etwas gilt?«

»Jawohl, Vater«, stöhnte Mathilde.

»Wenn keiner etwas dagegen hat, würde ich jetzt herzlich gern mit meinem Abendessen fortfahren«, erklärte der König.

Währenddessen kam der verzauberte Prinz angehopst. »Entschuldige bitte, aber ich muss leider unbedingt auf dem Tisch sitzen«, rief er vom Boden herauf.

»Pass bloß auf! Du bist ein Frosch! Gleich fliegst du hier hochkant wieder raus«, schimpfte die Prinzessin, doch auf ein Wink ihres Vaters hin besann sie sich. »Natürlich.« Und sie hob den Frosch auf den Tisch.

»Bist du nun zufrieden?«, fragte sie, als er vor ihr hockte.

»Schon viel besser«, sagte der Prinz. »Aber wäre es möglich, den goldenen Teller etwas näher zu mir zu schieben?«

Als die Prinzessin auch noch den goldenen Becher zu ihm gestellt hatte, band sich der Prinz eine Serviette um und begann zu essen. Die Prinzessin verzog angewidert das Gesicht, und ihre Schwestern kicherten.

»Deliziös! Der Küchenchef ist ausgezeichnet!«, sagte der Prinz, als er den ersten Bissen genommen hatte, und trank einen Schluck aus dem Becher.

»So, war es das endlich?«, fragte die Prinzessin.

»Na ja, da wäre noch ein klitzekleines Detail«, gestand er.

»Das darf doch wohl nicht wahr sein«, schimpfte Mathilde.

»Es ist nichts Besonderes«, behauptete der Prinz. »Es geht nur um Euer seidenes Bett. Darin würde ich gern schlafen.«

»Vater, ich bitte dich, muss ich mir das denn wirklich gefallen lassen?«, fragte Mathilde entsetzt. »Das ist alles so entsetzlich demütigend.«

Der König fragte den Prinzen, ob das denn unbedingt nötig sei.

»Er muss! So war es nun mal abgemacht«, rief Yoyo.

Die Königin vergrub den Kopf in den Händen, doch der König zuckte mit den Schultern. »Nun denn. Wenn du es so versprochen hast! Bring es endlich hinter dich«, wies er seine Tochter an, und mit angewidertem Gesicht trug die Prinzessin den Frosch in ihr Schlafgemach.

»Du hast mich mit deinen albernen Wünschen zum Gespött des ganzen Schlosses gemacht«, schimpfte sie. »Was fällt dir eigentlich ein?«

»Es tut mir wirklich leid«, antwortete der Prinz. »Ich wollte, ich könnte dir das alles erklären.«

Im Speisesaal nahm der König Doc Croc und Yoyo zur Seite. »Ihr beide seid mir für die Sicherheit meiner Tochter verantwortlich«, sagte der König. »Nicht mehr und nicht weniger, als sie dem Frosch versprochen hat. Habt ihr mich verstanden?«

»Ja, Euer Majestät.« Die beiden Freunde verneigten sich und folgten Mathilde und dem Prinzen ins Schlafgemach.

Die Prinzessin war bereits dabei, Befehle zu erteilen. »Alle umdrehen«, rief sie dem Prinzen und den beiden Freunden zu. »Und wehe, ihr guckt. Ich will mich umziehen.«

Die drei verzogen sich in eine Ecke und begannen zu flüstern. »Ihr habt es geschafft, Prinz«, wisperte Doc Croc. »Ihr seid am Ziel.«

»Sie soll mich küssen, schon vergessen?«, fragte der Frosch zweifelnd. Wie sollte er das bloß hinbekommen?

Die Zeit verging, doch die Prinzessin sagte ihnen immer noch nicht, dass sie sich umdrehen durften. Schließlich wagte Yoyo einen Blick. »Hab ich es mir gedacht: Sie ist eingeschlafen!«, sagte er zu den anderen.

»Wenn sie schläft, kann sie mich gar nicht küssen«, bemerkte der Prinz. »Und wir können sie jetzt nicht wieder aufwecken!«

»Wir müssen es einfach riskieren«, sagte Yoyo. »Ihr solltet Euch sputen und Euch endlich ins Bett zur Prinzessin legen. Die fiese Hexe kann jeden Moment hier auftauchen, und dann: Gute Nacht, Majestät.«

Der Frosch hopste vor das Bett. »Hallo? Euer Hoheit?«, rief er. Doch das Mädchen reagierte nicht.

»Es funktioniert nicht, ich bin verdammt, für immer ein Frosch zu bleiben«, jammerte der Prinz.

Da zog Yoyo einen Hocker heran und stellte ihn vor das Bett. »Hier, versuch es damit«, schlug er vor, und mit zwei großen Sprüngen hopste der Frosch erst auf den Hocker und dann auf das Bett, wo er direkt auf dem Gesicht der Prinzessin landete.

Sie schreckte hoch. »Aah, was ist das?«, kreischte sie und packte den Frosch so heftig, dass er keine Luft mehr bekam.

Da kam Heinrich zur Tür herein, der im Gang Ausschau nach der bösen Zauberin gehalten hatte. Ehe er es verhindern konnte, hatte Mathilde den Prinz mit voller Wucht gegen die Wand geworfen.

»Warum habt Ihr das gemacht?«, fragte Yoyo entsetzt.

»Er hat es nicht böse gemeint«, sagte Heinrich und eilte zu seinem Herrn. »Das war sehr gefühllos.«

Da schämte sich die Prinzessin und kniete sich zu dem Frosch am Boden. »Es tut mir leid, mein kleiner Frosch, ich hab das nicht gewollt«, sagte sie. »Das musst du mir glauben.«

In diesem Moment tauchte ein großer Vogel vor dem Fenster auf. Es war die böse Zauberin, die glaubte, dass der Prinz ihre Forderungen nicht erfüllen würde.

»So, da komme ich ja gerade rechtzeitig«, sagte sie und stieß mit dem Schnabel die Scheibe auf. »Rechtzeitig, um mir meinen Preis abzuholen.«

Yoyo und Doc Croc umklammerten die Vogelbeine. »Nein, noch nicht!«, riefen sie. »Bitte tu ihm nichts.«

»Er hat seine Prinzessin gefunden«, rief Heinrich, doch die Zauberin lachte nur boshaft. »Sie hat ihn an die Wand geworfen! Ich hab es mit meinen eigenen Augen gesehen. Jetzt gehört er mir.«

Blitze zuckten, und aus dem Storch wurde wieder die böse Zauberin.

»Euer Majestät, sie kommt und will Euch holen!«, rief Heinrich.

Da begann der Prinz spontan zu singen.

»Ich bin ein Frosch und sitze hier im Teich.
Ich wünscht', ich könnte raus aus diesem Teich.
Und ein Kuss von dir würd' mich verändern, glaube mir.
Drum sing ich dir dieses Lied …

*Ein einziger Kuss ist, was ich brauch,
Prinzessin, küss mich auf den Bauch.
Ich schwöre: Ich hab dich so lieb.
Bitte küss mich.«*

Die Prinzessin hörte ihm erstaunt zu, sie verstand nicht so recht, was er von ihr wollte.

»Sag mir, was kann ich nur tun? Wie kann ich das wiedergutmachen?«, fragte sie, denn sie hatte noch immer ein schlechtes Gewissen, weil sie den Frosch gegen die Wand geworfen hatte.

»Küsst ihn«, rief Heinrich.

»Küsst den Frosch, dann wird alles gut«, riefen auch Yoyo und Doc Croc.

»Meint ihr das im Ernst?«, fragte die Prinzessin.

Währenddessen senkte sich bereits die Hand der bösen Zauberin auf den Prinzen herab. Er schrie auf.

»Beeilt Euch bitte«, baten Yoyo und Doc Croc panisch.

»Also gut«, sagte Mathilde und hob den Frosch hoch. Und ehe die Zauberin ihn packen konnte, gab die Prinzessin ihm einen Kuss.

Es gab einen ohrenbetäubenden Knall. Und vor der Prinzessin saß ein wunderschöner Prinz, wo eben noch der Frosch gesessen hatte!

Die Zauberin wütete, doch alle anderen brachen in Jubel aus. »Sie hat es getan!«, rief Yoyo und schlug mit Doc Croc ein. »Sie hat es wirklich getan!«

»Mathilde«, sagte der Prinz und sah dem Mädchen in die Augen.

»Mein Prinz!« Die Prinzessin konnte kaum glauben, was ihr geschehen war.

Prinz Eduard quakte einmal kurz, doch besann sich sogleich. »Entschuldige – Macht der Gewohnheit. Das wird wohl noch eine kleine Weile dauern.«

Mathilde war das egal. Glücklich küsste sie den Prinzen, und er schloss sie in die Arme.

Als die Zauberin das sah, begann sie zu kreischen und zu toben, bis sie sich vor lauter Wut auflöste und für immer verschwand.

Als Mathilde und Eduard gemeinsam das Schloss verließen und in die Kutsche stiegen, jubelten alle Leute, die das glückliche Paar sahen. Nur Mathildes Schwestern gönnten ihr dieses Glück nicht so recht. »So ein hübscher Prinz soll ein Frosch gewesen sein?«, zweifelten sie. »So was kannst du mir doch nicht erzählen.«

Da hüpfte ein grüner Frosch an ihnen vorbei. »Warte!«, riefen die beiden und rannten ihm hinterher, und alle, die es sahen, lachten.

»Fahr, Heinrich«, sagte der Prinz, der bereits in der Kutsche saß.

»Wir werden nicht fahren, sondern fliegen«, kündigte Heinrich an. »Denn weil Ihr befreit wurdet, fühle auch ich mich wieder frei!« Und er zerriss die Kette, die er sich um die Brust gebunden hatte.

»Was für eine Treue«, seufzte Yoyo. »So einen braven Diener könnte ich auch gebrauchen. Wie wär es mit dir, Croci?«

»Träum ruhig weiter!«, sagte der Bücherwurm, und dann begannen beide ihren Zauberspruch zu sprechen, der sie wieder nach Hause bringen sollte: »*Simsa … Simsala … SimsalaGrimm!*«

Das Zauberbuch flog durch die Luft, die beiden sprangen auf und glitten über den Himmel.

Und wenn sie nicht gestorben sind, dann leben sie noch heute.

Vor langer, langer Zeit, als Wunder noch Wirklichkeit waren, gab es eine Zauberformel, die die Tore in das Märchenland von Simsala öffnete, jenem magischen Ort, an dem all die berühmten Helden leben und alle Märchen ihr Zuhause haben: *Abrakadabra, SimsalaGrimm*.

Auf dem Dachboden in einem alten Haus lag auf einem verstaubten Regal ein dickes Buch. Es war ein ganz besonderes Buch, eines, das Geschichten zum Leben erweckte. Es kannte die magische Zauberformel. Ganz von selbst flog es los zu Doc Croc, dem klugen, schüchternen Bücherwurm, und dem vorwitzigen Yoyo.

»Seid ihr bereit für ein neues Abenteuer?«, fragte das Buch.

Die beiden Freunde jubelten. »Na klar sind wir das! Und ob!« Sie sprangen vor Freude los, rutschten aber aus und fielen vom Regal. »Uuuuiiuiui!«, schrien sie. »Aaaaahhhh! Vorsicht!« Da fing das weit aufgeschlagene Märchenbuch sie auf und erhob sich mit ihnen wie ein fliegender Teppich in die Lüfte.

Gemeinsam durchquerten sie Zeit und Raum, bis sie in eine Hütte hineinflogen und sanft in einem Korb mit Wäsche landeten.

Doch oje, wo waren sie da hineingeraten! Böse Stimmen erklangen in der bescheidenen Stube.

»Was soll das heißen, du kannst deine Steuern nicht bezahlen, Müller?«, brüllte ein großer Mann. »So leicht kommst du mir nicht davon. Willst du mich etwa übers Ohr hauen?« Er zückte sein Schwert und richtete es auf den kleinen Mann, der geduckt vor ihm stand. Er war ein Müllermeister.

»Graf von Greif, ich flehe Euch an«, sagte der Müller. »Wir haben dieses Jahr schon wieder eine furchtbar schlechte Ernte gehabt.«

»Wir haben nicht mal genug zu essen«, klagte seine Tochter.

Der Graf schnappte sich das Mädchen. Dann wies er mit dem Schwert auf einen

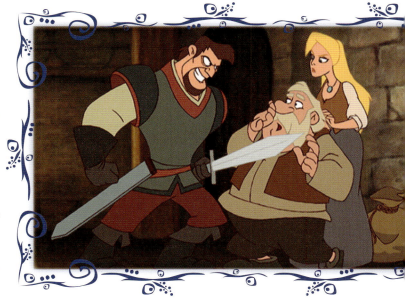

großen Sack. »Aha! Was haben wir denn da?«, fragte er. »Ich bin sicher, dass ich hier noch mehr finden werde, was ihr vor Eurem König Franz Ferdinand von Simsala verbergen wollt!« Er hielt das Schwert dem Mädchen an die Kehle und drohte dem Müller, sie zu töten, wenn er ihm nicht alles gab, was er hatte.

Der Müller sank vor ihm auf die Knie. »Nein, ich bitte Euch, habt Gnade, zumindest mit meiner Tochter.« Er sah den Graf flehend an. »Sie ist ein ganz außergewöhnliches Mädchen.«

»So? Was ist denn so besonders an ihr?«, wollte der Graf wissen.

»Ihr werdet es vielleicht nicht für möglich halten, aber meine Tochter kann Stroh zu Gold spinnen«, posaunte der Müller heraus.

»Stroh zu Gold? Interessant!«, rief der Graf. Das Mädchen aber riss erschrocken die Augen auf.

»Croci, was redet er denn da?«, wisperte Yoyo seinem Freund in ihrem Versteck im Wäschekorb zu.

»Ich glaube, das hat er eben nur erfunden, um seinem Töchterchen das Leben zu retten«, flüsterte Doc Croc zurück.

Der Graf packte das Mädchen. »Jetzt raus mit der Sprache: Kannst du wirklich Stroh zu Gold spinnen?«

Sie sah ihn mit großen Augen an. »Ja«, sagte sie mutig. »Ja, ich glaube schon.«

»Soso, du glaubst schon!« Der Graf lachte auf. »Nun, das werden wir schnell herausfinden. Und wenn dein Vater lügt, werde ich euch in null Komma nichts an den Galgen bringen!«

Der Müller blickte ihn erschrocken an, doch er konnte nichts tun. Graf von Greif legte sich das Mädchen über die Schulter, und egal, wie sie schlug und kreischte, er trug sie aus dem Haus, um mit ihr zum Schloss seines Herrn, des Königs Franz Ferdinand von Simsala, zu reiten.

»Wir müssen sie aufhalten«, rief Yoyo und eilte mit Doc Croc ans Fenster, um zu sehen, was geschah.

»Da drin ist noch ein Sack mit Korn. Geh und hol ihn, Melchior, er ist Eigentum des Königs«, wies der Graf seinen Gehilfen an.

»Hast du das gehört?«, fragte Yoyo seinen Freund. »Ein Sack mit Korn! Schnell, Croci!« Die beiden rannten los und schlüpften ungesehen in den Sack mit Korn, bevor Melchior ihn aufnahm und auf das Pferd lud.

»Keine Sorge, Müller, wir bringen dir deine Tochter zurück«, versprachen sie dem weinenden Vater noch.

Im Schloss, das hoch über den Bergen lag, ging der König verzweifelt auf und ab. »Ich versteh das nicht«, sagte er zu sich selbst. »Wir können nicht dauernd Land verkaufen, um die hungernden Familien zu ernähren. So geht das nicht weiter …« Verzweifelt ließ er sich auf seinen Thron fallen.

In diesem Moment kam Graf von Greif mit der Müllerstochter herein.

»Ah, Graf von Greif, gut, dass Ihr da seid. Ich mache mir die größten Sorgen«, sagte der König. »Unsere Finanzen …«

»Da habe ich gute Neuigkeiten, Majestät«, unterbrach ihn der Graf. »Dieses Mädchen hier könnte all Eure Probleme im Nu lösen.«

»Dieses Mädchen?« Der König musterte die Müllerstochter erstaunt. »Wie denn?«

»Ihr Vater hat eben behauptet, sie könne aus Stroh Gold spinnen«, sagte der Graf.

Der König sprang auf. »Ist das wahr, mein Kind?«

Die Müllerstochter verneigte sich. »Ich werde es auf jeden Fall versuchen, Euer Majestät.«

»Also gut«, sagte der König. »Füllt die Kornkammer mit Stroh. Morgen früh werden wir ja dann sehen, ob sie wirklich Wunder vollbringen kann.«

»Ich werde sofort alles in die Wege leiten, Majestät«, sagte der Graf.

In der Nacht saß die Müllerstochter in der Kornkammer vor dem Spinnrad und weinte bitterlich. Sie wusste nicht, wie man Stroh zu Gold spann, und hatte keine Ahnung, was sie tun sollte. Yoyo und Doc Croc, die neben ihr in die Kammer geschlüpft waren, konnten ihren Kummer nicht mit ansehen und eilten zu ihr.

Die Müllerstochter sah die beiden erstaunt an. »Wer seid ihr?«, fragte sie.

»Ich bin Yoyo, der Held der tausend Abenteuer«, sagte Yoyo, »seit … na ja, eigentlich schon immer.«

»Und wenn ich mich dann vorstellen darf«, begann sein Freund, »mein Name ist Croc, Doktor Croc. Privatgelehrter, Philosoph …«

»Croci!«, ermahnte ihn Yoyo.

Der kleine Professor überreichte der Müllerstochter ein Taschentuch und zog eine Lupe heraus, mit der er das Stroh betrachtete. »Wir müssen uns irgendetwas einfallen lassen, um das Stroh in Gold zu verwandeln«, sagte er und rührte einen Trank an, der sofort zu blubbern begann. »Jetzt wollen wir mal sehen … Das ist eine ganz außergewöhnliche Mischung.« Er tauchte einige Halme Stroh hinein, die sich sofort blau verfärbten. »Na, was sagt ihr jetzt?«, rief er stolz.

»Aber das ist blau«, merkte Yoyo an.

»Das sehe ich auch«, sagte Doc Croc.

»Aber Gold ist nun mal nicht blau.« Yoyo war nicht zufrieden. »Wenn der König nicht farbenblind ist, wird er nicht gerade begeistert sein, stimmt's?«

Die Müllerstochter schluchzte auf, und Yoyo und Doc Croc konnten nur verzweifelt zusehen.

In diesem Moment blitzte ein grünes Licht auf, es drehte und wirbelte herum, bis ein kleines, buckliges Männchen vor ihnen stand. Yoyo und Doc Croc versteckten sich im Stroh, und die Müllerstochter riss ängstlich die Augen auf.

»Ist ja gut, ist ja gut, starr mich nicht so an«, rief das Männchen. »Du solltest wirklich froh sein, dass ich gekommen bin.«

»Wer bist du?«, fragte das Mädchen.

»Nun, ich will es mal so ausdrücken, mein schönes Kind: Ich bin jemand, der alles kann«, behauptete das Männchen.

»Kannst du denn auch Stroh zu Gold spinnen?«, fragte die Müllerstochter.

Da lachte das Männchen schrill auf. »Das ist ein Klacks für mich! Natürlich kann ich Stroh zu Gold spinnen. Es stellt sich nur die Frage: Was ist für mich bei der Sache drin?«

Die Müllerstochter überlegte. »Ich hab wirklich keine Ahnung, wie ich dich dafür entlohnen könnte«, sagte sie schließlich.

»Nun, wie wäre es mit dem hübschen kleinen Ring an deinem Finger?«, fragte das Männchen, und das Mädchen zog den Ring vom Finger.

»Und du kannst dann wirklich all dieses Stroh zu Gold spinnen?«, fragte sie noch ein bisschen ungläubig.

»Das ist meine leichteste Übung«, behauptete das Männchen. »Traust du mir etwa nicht?«

Das Mädchen lächelte ängstlich und gab ihm den Ring, und sofort setzte sich das Männchen an das Spinnrad. »Schnurr, mein Spinnrad, schnurr und singe, einen tiefen Schlaf nun bringe!«, rief es.

Die Müllerstochter sank erschöpft auf das Stroh und schlief sofort ein.

»Schnurr, mein Spinnrad, schnurr und singe, dass mir rasch mein Werk gelinge«, rief das Männchen und drehte an dem Rad.

Da fielen auch Yoyo und Doc Croc die Augen zu.

Als Yoyo am Morgen als Erster erwachte, riss er überrascht Mund und Nase auf: Die ganze Kornkammer war mit glitzernden Goldmünzen gefüllt. »Croci, wach auf«, rief er. Auch sein Freund konnte kaum glauben, was er da sah. Während die Müllerstochter müde die Augen öffnete, betraten der König und Graf von Greif den Raum. Fassungslos sahen sie sich um. »Das ist ja unglaublich«, rief der König. »Herr von Greif, damit ist mein Königreich aus dem Schneider!«

Der Graf aber war anderer Meinung. »Es ist wirklich großartig, Majestät«, sagte er. »Doch ich fürchte, dass dieses Gold nicht reichen wird, um Euer ganzes Königreich zu retten.«

»Was soll das heißen? Wir haben doch jede Menge davon?« Der König verstand nicht.

»Ihr müsst mir glauben, Ihr werdet viel, viel mehr Gold brauchen, damit alle hungrigen Familien in diesem Land etwas zu essen auf dem Tisch haben«, sagte Graf von Greif.

Der König überlegte. »Vielleicht habt Ihr recht, Graf«, sagte er schließlich.

»Dann sollte das Mädchen noch eine weitere Nacht Stroh spinnen«, sagte der Graf. »Und zwar in der größeren Kornkammer. Ich würde vorschlagen, dass ich sie unverzüglich mit Stroh auffüllen lasse, Euer Majestät.«

Die Müllerstochter versuchte, sich zu wehren, aber es gelang ihr nicht. Der Graf schleppte sie bald in die größere Kornkammer, wo ein riesiger Berg Stroh auf sie wartete.

»Dann bis morgen früh, wenn du das ganze Stroh hier zu Gold gesponnen hast«, sagte der Graf und schloss lachend die Tür. Yoyo und Doc Croc schafften es gerade noch, vorher hindurchzuschlüpfen.

Gerade als die Müllerstochter verzweifelt in Tränen ausbrach, wirbelte wieder das grüne Licht durch den Raum, und das Männchen stand erneut vor ihr. »Sieh an, sieh an«, sagte es. »Ich habe das dumpfe Gefühl, als würdest du schon wieder in der Klemme stecken. Wie willst du mich denn diesmal entlohnen?«

»Ich fürchte, ich habe nichts mehr, was ich dir noch geben könnte«, antwortete die Müllerstochter niedergeschlagen.

»Aber wie wäre es denn mit dieser wunderschönen Kette an deinem Hals?«, fragte das Männlein und griff nach dem blau schimmernden Stein.

Das Mädchen wich zurück. »Die Kette hat mir meine verstorbene Mutter geschenkt«, sagte sie. »Die kann ich dir nicht geben.«

»Soso!« Das Männchen lachte. »Dann wirst du deine Mutter schon sehr bald wiedertreffen.« Es kicherte boshaft, und schließlich lenkte die Müllerstochter ein und reichte ihm die Kette.

Yoyo und Doc Croc hatten alles mit angesehen. »Oh mein Gott, arme Süße«, sagte Yoyo traurig. Helfen aber konnten die beiden dem Mädchen nicht.

Alles lief wieder wie in der ersten Nacht: Das Männchen setzte sich an das Spinnrad, alle schliefen ein, und als sie am nächsten Tag die Augen öffneten, war der Raum voller Gold und das Männchen verschwunden.

Der König war begeistert, als ihm der Graf als Beweis eine Schubkarre mit Gold in den Thronsaal brachte. »Ausgezeichnet, mein Kind«, lobte er die Müllerstochter.

»Das dürfte jetzt aber genug Gold sein, sogar für diesen alten Gierschlund Graf von Greif«, sagte Yoyo zu Doc Croc. Beide waren dem Graf und dem Mädchen in den Thronsaal gefolgt.

Der Graf sah den König lange an. »Verzeiht, aber die Armut Eurer Untertanen erlaubt es nicht, dass Ihr Euch schon zufriedengäbt, Euer Hoheit«, sagte er schließlich.

Der König sprang auf. »Was soll das heißen? Wir ertrinken ja schon fast im Gold!«, rief er.

»Euer Majestät«, sagte der Graf in warnendem Ton. »Wenn das Volk erfährt, dass Ihr diese kleine Hexe freigelassen habt, bevor sie noch mehr Gold gesponnen hat, wird es vielleicht aufbegehren oder sogar den Palast stürmen.«

»Aber sie ist doch keine Hexe, Graf«, sagte der König. »Sie hat sich die Finger wund gesponnen, um uns zu helfen!«

»Ich bitte vielmals um Verzeihung, Majestät«, erwiderte der Graf. »Ich habe leider die Beherrschung verloren. Aber vielleicht könnte man sie noch eine einzige Nacht ans Spinnrad setzen, damit Euer Königreich ausgesorgt hat.«

Der König gab nach. »Also gut, da mögt Ihr schon recht haben, Herr von Greif«, sagte er und wandte sich an die Müllerstochter. »Aber wenn diese Nacht vorbei ist, wirst du nie wieder spinnen müssen.« Er nahm ihre Hand. »Ich werde dich fragen, ob du meine Gemahlin werden willst.«

Das Mädchen starrte ihn an. Dann sank sie auf die Knie. »Euer Majestät, wenn Ihr mir etwas Gutes tun wollt, dann lasst mich bitte sofort zu meinem Vater zurückkehren«, flehte sie.

»Hilf mir noch eine Nacht«, antwortete der König. »Und dann werde ich persönlich dafür sorgen, dass es dir und deinem Vater nie wieder an irgendetwas fehlen wird.«

Da war die Müllerstochter einverstanden. Der Graf rieb sich zufrieden die Hände und verließ den Thronsaal. Yoyo und Doc Croc, die ihm nicht trauten, folgten ihm heimlich.

Der Graf betrat seine Gemächer und stieß dort die Tür zu einer Kammer auf. Und siehe da: Die Kammer war über und über voll mit Goldmünzen. Der Graf hatte diese von dem Gold, was der König seinem Volk geben wollte, gestohlen.

Glücklich warf der Graf die Münzen in die Luft. »Gold, so viel Gold«, rief er. »Und morgen bekomme ich noch mehr Gold, juchhu!«

»Das darf doch nicht wahr sein«, flüsterte Doc Croc in ihrem Versteck. »So ein hinterhältiger Dieb!«

Wieder wurde die Müllerstochter in die große Kornkammer gebracht, wo eine riesige Menge an Stroh auf sie wartete. Niedergeschlagen ließ sie sich auf einem Hocker nieder. »Dieses Mal klappt es bestimmt nicht«, sagte sie zu sich selbst und schlug die Hände vors Gesicht.

Yoyo und Doc Croc waren erneut mit hereingekommen und trösteten sie. »Hast du nicht etwas vergessen?«, fragte Yoyo.

»Ja, den Zwerg!«, erinnerte sie Doc Croc. »Er war schon zweimal da, vielleicht kommt er auch noch ein drittes Mal.«

»Selbst wenn er kommt: Ich hab nichts mehr, was ich ihm geben könnte«, klagte die Müllerstochter.

In diesem Moment wirbelte wieder das grüne Licht durch den Raum, und das Männchen erschien.

»Endlich, da bist du ja!«, rief die Müllerstochter erleichtert. »Bitte, hilf mir nur noch dieses letzte Mal. Wenn ich Königin bin, werde ich dir alle Schätze dieser Welt geben.«

Das Männchen überlegte. »So? Schätze?« Es drehte sich im Kreis. »Ich habe da etwas anderes im Sinn ... Etwas Lebendiges.« Er sah sie an. »Du wirst mir dein erstgeborenes Kind geben.«

Die Müllerstochter schüttelte entsetzt den Kopf. Yoyo und Doc Croc schrien auf, und zum ersten Mal entdeckte das Männlein die beiden Freunde.

»Ziemlich viel Ungeziefer hier«, sagte es abfällig.

Dann wandte es sich wieder an die Müllerstochter. »Wenn du dich weigerst, wartet der Galgen auf dich und deinen Vater«, sagte es.

»Das ist wahr.« Sie nickte. »Mein Vater bedeutet mir alles. Wenn ich so sein Leben retten kann ... Keine Frage, ich muss Ja sagen.«

Und dann ging wieder alles seinen Gang: Das Männchen sprach seinen Spruch und setzte sich ans Spinnrad, alle fielen in einen tiefen Schlaf, und als sie am Morgen erwachten, war die Kornkammer mit Gold gefüllt und das Männchen verschwunden.

Als der König all das Gold sah, trat er zu der Müllerstochter. »Ich stehe zu meinem Wort«, sagte er und kniete vor ihr nieder. »Willst du meine Gemahlin werden?«

»Euer Majestät, es wäre mir eine Ehre«, antwortete das Mädchen glücklich.

»Gut, dann lass mich schnell alles Nötige veranlassen«, sagte er.

Da mischte sich Yoyo ein. »Verzeiht, Euer Majestät«, sagte er. Der König sah ihn erstaunt an. »Nanu, wer ist das denn?«, fragte er.

»Das sind Yoyo und Croci«, sagte die Müllerstochter. »Gute Freunde von mir.«

Der König reichte den beiden die Hand. »Deine Freunde sind auch meine Freunde, mein Schatz«, sagte er.

»Wenn ich Ihnen einen guten Rat geben darf«, wagte sich Doc Croc vor. »An Eurer Stelle würde ich mal einen Blick in die Kammer von Graf von Greif werfen.«

»Na, dann sehen wir doch mal nach«, schlug der König vor.

Der Graf war erstaunt, als der König mit seiner Palastwache vor seiner Tür stand. »Ich verstehe das nicht«, sagte er. »Was ist denn auf einmal das Problem?«

Der König sah sich um. »Nun, es scheint alles in Ordnung zu sein …«, murmelte er.

Doc Croc räusperte sich. »Einen Moment noch, Euer Majestät.« Er lief zur Nebentür und stieß sie auf, und die Goldstücke fielen ihm beinahe entgegen, so viele waren es.

Entsetzt wich der König zurück. »All diese Jahre habe ich Euch vertraut«, sagte er. »Ihr habt mich also bestohlen? Wachen, schafft ihn hinaus!«

Der Graf wurde in hohem Bogen aus dem Schloss geworfen und verließ mit schleppendem Schritt das Gelände. »Betrüger! Ihr habt mich und mein Volk betrogen«, rief ihm der König wütend hinterher. »Hiermit verbanne ich Euch aus meinem Königreich! Und wagt es ja nicht, Euch wieder hier blicken zu lassen, Graf von Greif.«

Einige Tage später wurde Hochzeit gefeiert. Das ganze Volk jubelte, als der König und die Müllerstochter als frischgebackenes Ehepaar auf den Schlossbalkon traten.

Yoyo und Doc Croc strahlten. »Ich würde sagen, das haben wir mal wieder spitze hingekriegt, was, Croci?«, rief Yoyo.

»Sie sind wirklich ein ganz bezauberndes Paar, ich bin begeistert!«, sagte der Bücherwurm. »Na dann … *Simsa* … *Simsala* … *SimsalaGrimm*!«

Doch egal, wie lange die beiden nach ihrem Zauberbuch riefen, es erschien nicht.

»Meinst du, es hat sich verflogen?«, fragte Yoyo entsetzt.

»Ausgeschlossen«, sagte Doc Croc. »Das ist völlig unmöglich.« Da kam ihm ein Gedanke. »Natürlich! Das Märchen ist ja noch gar nicht vorbei! Dieser widerliche Zwerg wird wiederkommen, um sich das Erstgeborene der Königin zu holen.«

»Das heißt, wir müssen hier rumsitzen, bis sie ein Baby bekommt?«, fragte Yoyo entsetzt.

»Hast du einen besseren Vorschlag? Sie braucht unsere Hilfe!«, sagte Doc Croc entschieden.

Die Monate zogen vorbei, es wurde Winter und Frühling, und als der Sommer kam, war im Schloss ein Baby geboren. Doc Croc und Yoyo hatten sich mit ihm angefreundet und spielten gern mit dem Kleinen. Das Männchen aber war noch nicht zurückgekehrt. Hatte es seine Pläne vergessen?

Doch eines Tages geschah das Unvermeidliche.

Der König und die Königin standen über die Wiege des Kindes gebeugt, als auf einmal der bekannte Wirbel durch den Raum schwebte und sich in das Männchen verwandelte. So schnell sie konnte, schob die junge Königin ihren Mann aus dem Zimmer, bevor dieser etwas bemerkte.

»Na, was ist? Soweit ich weiß, bist du mir noch eine Kleinigkeit schuldig!«, sagte das Männchen zu ihr.

Die Königin riss ihr Baby an sich. »Oh nein! Ich würde lieber sterben, als dir mein Kind zu geben.«

»Du hast es mir versprochen, du hast mir dein Wort gegeben!«, wetterte das Männchen. »Also her damit! Das Kind gehört mir!« Und wie von Zauberhand lag das Baby plötzlich in seinen Armen.

Die Königin schrie auf. »Bitte lass mir mein Kind! Ich würde alles dafür tun, wirklich!«

»Na gut …« Das Männchen starrte die Königin böse an. »Dann werde ich dir noch eine einzige Chance geben.« Er trat näher zur Königin und legte ihr das Kind wieder in die Arme. »Hör mir gut zu. Seit ewigen Zeiten ist mein Name das größte Geheimnis. Wenn du ihn errätst, dann kannst du dein Kind behalten. Verstanden?«

Die Königin nickte, während sie ihr Kind beschützend von dem Männchen weghielt. »Wenn du es aber nicht schaffen solltest, meinen Namen bis zum Sonnenaufgang in drei Tagen zu erraten, dann wird dein kleiner Racker mir gehören. Verstanden?«

»Was bleibt mir anderes übrig«, sagte die Königin traurig.

»Heute geht es los«, erklärte das Männchen. »Heute ist der erste Tag. Du hast keine Zeit zu verlieren.« Und er verschwand wieder in dem grünen Nebel, in dem er gekommen war.

Es wurden schwere Tage für die Königin. Wie sollte sie den Namen des Männchens erraten? Immer wieder tauchte es auf, doch egal, welche Namen sie ihm nannte, nie war der richtige darunter.

Schließlich hatte Yoyo eine Idee. »Wir ziehen jetzt durchs Land und schreiben alle Namen auf, die uns zu Ohren kommen«, sagte er.

»Ja«, rief Doc Croc. »Und Melchior wird uns dabei helfen.«

Die Königin war einverstanden, und so machten sich Doc Croc, Yoyo und der Diener Melchior gemeinsam auf den Weg.

Als sie zurückkamen, hatten sie zehntausend Namen gesammelt.

»Wenn da nicht der richtige dabei ist, fresse ich einen Besen«, rief Yoyo. »Hauklopfbacke, hast du den schon? Und Rübenzickel auch?«, fragte er Doc Croc, der geduldig Namen für Namen notierte.

»Nein, den hab ich noch nicht«, sagte er. »Aber dafür habe ich Fliegenpickel.«

»Dann schreib ihn auf«, rief Yoyo.

Als das Männchen erneut erschien, las die Königin ihm stundenlang Namen vor. »Kürbiskopf, Mondgesicht, Miesepeter, Riesenzinken, Karnickeltrampel …« Doch egal, wie ausgefallen die Namen auch waren, der richtige war wieder nicht dabei.

»Du hast dein Bestes getan, aber bedauerlicherweise war dein Bestes nicht gut genug«, sagte das Männchen selbstzufrieden. »Vielleicht hast du ja morgen mehr Glück.«

Als das Männchen dieses Mal verschwand, beschlossen Yoyo und Doc Croc, ihm zu folgen. Sie verließen das Turmzimmer, fanden Melchior, den Diener, und sprangen mit ihm gemeinsam aufs Pferd. »Wir müssen den Zwerg verfolgen«, sagten sie zu Melchior.

Es wurde eine mühsame Verfolgungsjagd. Der Zwerg war sehr schnell und die Reise lang und beschwerlich. Bald schon lag tiefe Nacht über dem Wald, durch den die drei ritten. An einer Baumwurzel wurden die beiden Freunde abgeworfen, ohne dass Melchior es mitbekam, sodass sie zu Fuß weiterlaufen mussten. Doch wo war das Männchen abgeblieben?

Als sie schon dachten, dass alles verloren war, hörten sie sein Lachen. Das Männchen schien ganz in der Nähe zu sein! Sie folgten dem Geräusch und entdeckten es schließlich in einer Höhle. Er tanzte einen wilden Tanz um ein Feuer und sang:

»Heute back ich,
morgen brau ich,
und das Kind der Königin
klau ich.
Ach, wie gut, dass niemand weiß,
dass ich Rumpelstilzchen heiß!«

Yoyo und Doc Croc strahlten sich an. Hatte das Männchen gerade tatsächlich seinen Namen gesagt? Freudig machten sie sich auf den Rückweg. Doch ehe sie außer Hörweite waren, trat Doc Croc auf einen Ast, und Rumpelstilzchen wurde auf die beiden Eindringlinge aufmerksam.

»Ihr schon wieder!«, rief er.

»Wir haben gar nichts gehört, schon gar nicht deinen Namen«, rief Yoyo.

Doch Rumpelstilzchen ließ sich nicht täuschen. »Soso, jetzt kennt ihr also meinen Namen«, zischte er. Und ehe sie sichs versahen, schwang er den Arm, und ein dichter Irrgarten bildete sich um sie herum. »Mal sehen, ob ihr hier rauskommt«, lachte Rumpelstilzchen. Und er verschwand in seinem grünen Nebel.

Yoyo und Doc Croc sahen sich verzweifelt an: Sie wussten, dass sie nur noch wenig Zeit hatten, bis die Frist abgelaufen war, die Rumpelstilzchen der Königin eingeräumt hatte.

»Hör zu, Croci, ganz ruhig, wir schaffen das schon«, sagte Yoyo. »Weißt du, wie wir hier …?«

Doch Doc Croc schüttelte traurig den Kopf. Nein, auch er hatte keine Lösung, wie sie aus dem Irrgarten herausfinden konnten.

»Denk nach!«, rief Yoyo.

Währenddessen wartete die Königin sehnsüchtig auf die Rückkehr der beiden Freunde. »Wo bleiben sie nur? Melchior ist doch schon seit Stunden zurück!«, fragte sie sich.

In diesem Moment stand Rumpelstilzchen im Zimmer. Er beugte sich über die Wiege. »Wirklich ein süßes Kind«, sagte er und strich ihm über die Wange.

»Lass ihn gefälligst in Ruhe, er gehört dir nicht«, rief die Königin und nahm das Kind auf den Arm.

»Noch nicht, edle Königin«, sagte Rumpelstilzchen. »Noch nicht. Aber bald.«

Im Labyrinth hatte Doc Croc inzwischen ein Buch aus seiner Tasche gezogen. »Croci, es ist jetzt nicht die richtige Zeit, um zu lesen«, wunderte sich Yoyo.

»Aber ich hab da was gefunden«, sagte Doc Croc. »Man muss immer nur nach rechts gehen, um den Ausgang eines Labyrinths zu finden.«

»Wirklich?«, fragte Yoyo.

»Probieren geht über Studieren«, sagte Doc Croc, und tatsächlich fanden sie nach einer Weile aus den Irrwegen heraus.

Die Königin hatte dem Männchen wieder viele Namen vorgeschlagen. Rumpelstilzchen saß zufrieden da und lachte sie aus, weil sie den richtigen nicht finden konnte.

»Mir fallen keine Namen mehr ein!«, jammerte sie und begann zu weinen.

»Gibst du auf? Gibst du auf?«, fragte er und griff bereits nach dem Baby.

»Nein, ich denke gar nicht daran«, sagte die Königin. »Noch ist es nicht zu spät. Yoyo und Croci müssten gleich hier sein.«

In dem Moment tauchten die beiden kleinen Freunde auf einmal am Fenster auf. Sie riefen die Königin unbemerkt zu sich und flüsterten ihr ins Ohr, was sie herausgefunden hatten.

»Ich hätte da noch einen Namen.« Die Königin trat zu dem Männchen, das sich schon siegesbewusst über das Baby beugte.

»Ach ja? Gut. Ich höre«, antwortete es.

»Könnte es sein, dass dein Name zufälligerweise Rumpelstilzchen ist?«, fragte die Königin mit schelmenhaftem Grinsen.

Da fing das Männchen laut an zu schreien. »Verflixt und zugenäht, das hat dir der Teufel gesagt!«, brüllte es. Erschrocken blickte es an sich herunter und bemerkte, dass es auf einmal in Flammen stand. »Meine Zauberkräfte verlassen mich!« Und ehe sichs die Königin, Yoyo und Doc Croc versahen, war Rumpelstilzchen in einem roten Feuerball ins Freie verschwunden und ward nie wieder gesehen.

In diesem Moment trat der König ein. »Dein Vater kommt uns heute besuchen«, sagte der König. »Wie geht es unserem Sohn?« Er beugte sich über die Wiege.

»Ausgezeichnet«, sagte die Königin glücklich. »Es könnte ihm nicht besser gehen.« Dann zeigte sie auf ein Loch im Fußboden, das dort entstanden war, wo Rumpelstilzchen gestanden hatte. »Aber dieses alte Schloss muss unbedingt renoviert werden«, sagte sie. »Seht nur, ich wäre hier fast eingebrochen.«

»Keine Sorge, meine Liebste, ich werde mich sofort darum kümmern«, versprach der König und legte den Arm um seine Frau.

Yoyo und Doc Croc sahen sie zufrieden an. »Ich glaube, wir können sie jetzt allein lassen«, sagte Yoyo.

Doc Croc nickte. »Und so lebten sie glücklich bis ans Ende ihrer Tage.«

Gemeinsam riefen sie ihr Zauberbuch: »*Simsa … Simsala … SimsalaGrimm!*« Und dieses Mal erschien das Buch sofort und flog mit den beiden davon.

Und wenn sie nicht gestorben sind, dann leben sie noch heute.

Vor langer, langer Zeit, als Wunder noch Wirklichkeit waren, gab es eine Zauberformel, die die Tore in das Märchenland von Simsala öffnete, jenem magischen Ort, an dem all die berühmten Helden leben und alle Märchen ihr Zuhause haben: *Abrakadabra, SimsalaGrimm.*

Auf dem Dachboden in einem alten Haus lag auf einem verstaubten Regal ein dickes Buch. Es war ein ganz besonderes Buch, eines, das Geschichten zum Leben erweckte. Es kannte die magische Zauberformel. Ganz von selbst flog es los zu Doc Croc, dem klugen, schüchternen Bücherwurm, und dem vorwitzigen Yoyo.

»Seid ihr bereit für ein neues Abenteuer?«, fragte das Buch.

Die beiden Freunde jubelten. »Na klar sind wir das! Und ob!« Sie sprangen vor Freude los, rutschten aber aus und fielen vom Regal. »Uuuuiiuiui!«, schrien sie. »Aaaaahhhh! Vorsicht!« Da fing das weit aufgeschlagene Märchenbuch sie auf und erhob sich mit ihnen wie ein fliegender Teppich in die Lüfte.

Gemeinsam durchquerten sie Zeit und Raum, bis sie kopfüber auf einer Wiese landeten.

»Das war aber …«, begann Yoyo, doch er konnte seinen Satz nicht beenden, weil er von einem jungen Geißenkind umgerannt wurde, das auf dem Feld mit seinen Geschwistern Bockspringen übte.

Die Geißenmutter, die den Zusammenstoß von ihrer Haustür aus mit angesehen hatte, schimpfte: »Kinder, passt ein bisschen auf, wo ihr hinrennt!«

Die Kinder hörten jedoch nicht und sprangen weiter um und über die beiden Freunde hinweg.

»Also, ich weiß nicht«, sagte Doc Croc irritiert und hob seinen Hut auf, der heruntergefallen war. Als er sah, dass das nächste Kind Schwung holte, rannte er davon und versteckte sich hinter der Mutter.

»Wenn ihr nicht sofort aufhört, gibt es heute keinen Nachtisch«, drohte sie.

Da blieben die Geißlein erschrocken stehen. »WAS?«, »Nein!«, riefen sie.

Die Mutter lächelte Yoyo und Doc Croc an. »Ihr müsst entschuldigen, ich hoffe, es ist euch nichts passiert.« Sie musterte die beiden. »Mit wem habe ich denn die Ehre?«

»Ich bin Yoyo, der Held der tausend Abenteuer seit … eigentlich schon immer«, rief Yoyo.

Dann trat Doc Croc vor. »Gestatten, Croc. Doktor Croc. Philosoph und Naturwissenschaftler, Forscher und Lehrer.«

»Oh, dich schickt der Himmel!«, rief die Mutter. »Ich bin nämlich gerade auf der Suche nach einem Lehrer für meine sieben Kinder!«

Yoyo wollte Doc Croc entsetzt wegziehen, doch der Bücherwurm nickte nur. »Stets zu Diensten!«, sagte er und schob seinen Freund nach vorn. »Mir und meinem Assistenten wäre es ein Vergnügen.«

»Auch das noch«, stöhnte Yoyo auf.

»Ein Lehrer? Das brauchen wir nicht«, riefen die Kinder empört, was die Mutter aber ignorierte.

»Wir wollten gerade zu Abend essen. Wollt ihr nicht hereinkommen?«, fragte sie.

»Wir möchten Ihnen wirklich keine Umstände machen!«, wehrte Doc Croc die Einladung ab, doch Yoyo war anderer Meinung. »Es wäre uns ein Vergnügen«, sagte er und betrat das Haus. Doc Croc und die Geißenkinder folgten ihm. Nur das kleinste Kind hörte nicht, denn es hatte einen blauen Schmetterling gefunden und rannte ihm über die Wiese hinterher. »Schmetterlinge, Schmetterlinge, tanzen über Blumenwiesen, lalalala«, sang das Kleine und entfernte sich immer weiter vom Haus. Den Wolf, der im Dickicht lauerte und es hungrig verfolgte, sah es nicht …

Weil es mit dem Essen doch noch eine Weile dauerte, kamen die Kinder wieder nach draußen und übten fröhlich weiter Bockspringen.

»Vier, fünf, sechs«, zählte Yoyo.

»Also, ich bin beeindruckt«, sagte Doc Croc. »Ich hatte keine Ahnung, dass du weiter als drei zählen kannst.«

»Ach, halt die Klappe, Croci«, sagte Yoyo genervt und begann erneut zu zählen. »Fünf, sechs …«

»Nach sechs kommt sieben«, erklärte Doc Croc.

»Ich weiß, ich weiß«, rief Yoyo. »Aber da stimmt was nicht. Nummer sieben ist verschwunden!«

In dem Moment sahen sie es: Am Rande der großen Wiese hüpfte das Geißenkind – und mit aufgerissenem Maul lief der Wolf direkt auf das Kleine zu! Yoyo raste los, so schnell er konnte, sprang vor dem Wolf in die Luft und riss ihm mit einem gewaltigen Ruck das Maul noch weiter auf, als es ohnehin schon gewesen war. »Lass das sein!«, schrie er. »Mach schön *Aah*, Junge.«

Als der Wolf sich nicht mehr rühren konnte, begann Yoyo, ihn zu beschimpfen. »Was soll das, alter Läusepelz, bist du verrückt geworden? Ein unschuldiges Geißlein angreifen!« Er schnupperte. »Bäh, hast du Mundgeruch! Putzt du dir nie die Zähne?«

Er ließ los, und der Kiefer des Wolfs klappte mit einem Schlag zu. Der Wolf sah Yoyo mit blitzenden Augen an. »Du siehst zwar nicht so lecker aus wie ein Geißlein«, sagte er und schritt auf ihn zu. »Trotzdem besser als nichts!« Erneut riss er das Maul auf, doch ehe er Yoyo schnappen konnte, sprang dieser hoch und schlug dem Untier mit der Faust das Maul wieder zu.

Da erst erblickte ihn die Geißenmutter. »Du schon wieder«, rief sie. Und als hätte er etwas Angsteinflößendes gesehen, drehte sich der Wolf um und raste davon, und die Geißenmutter schlug ihm zum Abschied noch auf den Po, dass es ihn vermutlich noch lange schmerzte. Als er ein ganzes Stück weg war, blieb er stehen und streckte siegesgewiss die Faust in die Luft. »Wartet nur, ich komme wieder«, rief er.

»Ja, ja!« Yoyo lachte ihn aus. »Ich hab jetzt schon Angst!«

Beim Abendessen stellte die Geißenmutter eine große Schüssel Salat auf den Tisch. »Greift nur tüchtig zu«, sagte sie zu den beiden Freunden. »Wenn ihr nicht gewesen wärt, edle Herren, weiß ich nicht, wie es meinem Kleinen ergangen wäre.«

Yoyo winkte ab. »Ich bin kein edler Herr, ich bin einfach nur Yoyo«, sagte er. »Jedenfalls nennen mich meine Freunde so.«

»Und mein Name ist Heidi«, antwortete die Geißenmutter.

»Wie ich sehe, lebt ihr hier alle sehr gesund«, merkte Doc Croc an. »Ihr esst viele Vitamine.«

»Oh ja«, sagte Heidi. »Gesundes Essen ist für Kinder ungeheuer wichtig.«

»Und nach dem Essen fangen wir mit dem Unterricht an. Freut ihr euch schon alle darauf?«, fragte Doc Croc die Kinder. Doch die schauten ihn nur mit großen Augen an.

»Ich muss da nicht mitmachen, ich bin noch zu klein«, rief das jüngste Kind lachend.

Doc Croc nickte. »Ja, aber euch anderen werde ich gleich verraten, wie man addiert und multipliziert.«

»Muss das denn sein?«, »Oh Mann, das ist echt gemein!«, schrien die Kinder durcheinander.

»Ruhe«, rief Heidi. »Das ist nur zu eurem Besten. Und jetzt esst auf.«

In der Wolfshöhle ließ sich der Wolf von seiner Frau den schmerzenden Körper massieren. »Schon viel besser«, sagte er.

»Das gibt es nicht, ich kann es einfach nicht glauben«, wetterte sie. »Ein großer, starker Kerl wie du lässt sich von so einem Knirps eins auf die Nase geben!«

»Ach, hör auf«, wehrte der Wolf ab. »Es war ein ziemlich großer Knirps, und außerdem war er nicht allein … aua! An der Stelle tut es besonders weh!«

»Jetzt reiß dich gefälligst zusammen«, rief Frau Wolf. »Es war nun wirklich nicht schlimm. So, fertig.«

Der Wolf stand auf und stapfte aufgebracht los. »Grr, jetzt fresse ich diese Geißlein.«

Sein Sohn hielt ihn zurück. »Das darfst du nicht, Papi«, sagte er. »Als Mitglied unseres Tierschutzvereins muss ich dich darauf hinweisen, dass durch Raubtiere wie dich die normale Hausziege auf der Liste der vom Aussterben bedrohten Tierarten steht.«

Der Wolf lachte los. »Hast du das gehört?«, rief er seiner Frau zu. »Unser Sohn ist beim Tierschutzverein! Ach, ist das lustig.«

»Raubtier? Schön wär's«, sagte seine Frau grinsend.

»He!«, warnte der Wolf. »Es ist gar nicht so einfach, immer was Anständiges auf den Tisch zu bringen.«

»Dann denk mal daran, dass vegetarische Kost viel leichter zu beschaffen ist«, sagte der Sohn. »Und sie ist viel, viel gesünder.«

Wieder lachten Mutter und Vater Wolf.

»Und man bekommt davon keinen Mundgeruch«, fuhr der Sohn fort.

Der Wolf erinnerte sich, was Yoyo gesagt hatte, und schnupperte an seinem eigenen Atem. Dann schüttelte er den Kopf. »Ach, hör mit diesem Unsinn auf!«

Er küsste seine Frau auf die Wange und verließ die Höhle. »Ich bin gleich wieder da«, rief er im Hinausgehen.

»Du bereitest deinen Eltern nur Kummer«, schimpfte die Mutter mit dem Sohn. »Jetzt geh und hilf deinem Vater, wie es sich für einen richtigen bösen Wolf gehört. Ich will nichts mehr hören, verstanden?«

Der Sohn zockelte aus der Hütte. »Ja, Mama«, sagte er folgsam und schloss die Tür hinter sich.

Im Haus der Geißlein hatte Doc Croc inzwischen mit dem Unterricht begonnen. Bisher schien er noch nicht viel Erfolg zu haben. »Ich glaube, ihr habt das mit dem Addieren und Multiplizieren noch nicht richtig verstanden«, sagte er frustriert. Doch als er weitermachen wollte, sprang Yoyo auf den Tisch und begann, mit fünf roten Äpfeln zu jonglieren. Alle Kinder jubelten los.

»Also gut«, sagte Doc Croc. »Dann wollen wir es mal anders probieren, Kinder. Angenommen, ich habe drei Äpfel in der Hand und dann noch mal drei Äpfel. Was bekomme ich dann?«

»Apfelmus!«, rief Yoyo und ließ alle Äpfel fallen.

Die Kinder lachten, und keiner antwortete auf Doc Crocs Frage.

»Ach kommt, Kinder«, rief dieser verzweifelt. »Einer von euch wird doch die Antwort wissen!«

»Obstsalat« rief einer, und »Apfelmarmelade« ein anderer.

Da meldete sich eine der kleinsten Geißlein zu Wort. »Sechs Äpfel«, rief sie.

Doc Croc sah sie gerührt an. »Oh ja! Genau! So klein und schon die Klügste! An ihr solltet ihr euch wirklich ein Beispiel nehmen und nicht an dem Lausebengel da drüben!« Er zeigte auf Yoyo.

»Jonglieren ist eine hoch angesehene Kunst«, protestierte Yoyo.

Da erklang ein leises Bimmeln.

»Was ist denn das jetzt?«, fragte Doc Croc genervt.

»Das ist die Schulglocke«, rief die kleine Geiß. »Die Stunde ist zu Ende.«

Doc Croc sah auf die Uhr. »Noch nicht ganz«, sagte er.

Yoyo aber gab den Kindern recht. »Die Stunde ging schon zehn Minuten, jetzt ist Pause!« Er sprang auf und rannte aus dem Zimmer, und alle Kinder folgten ihm.

Doc Croc blieb allein im Klassenzimmer zurück und schlug verzweifelt auf das Pult.

Da mischte sich Heidi in das Geschehen ein. »Kinder, jetzt seid mal ruhig«, rief sie, denn sie hatte ihnen etwas zu sagen. Sie hatte sich schick gemacht, weil sie einen Ausflug in die Stadt unternehmen wollte.

»Mami, ich will auch mit in die Stadt«, bettelte die kleine Geiß.

»Nein, der Weg ist viel zu weit für dich.« Heidi streichelte ihr tröstend über den Kopf. »Ich mache mich jetzt auf den Weg zum Markt«, erklärte sie dann allen. »Ihr bleibt hier und lernt schön weiter.«

»Moment, was ist mit uns?«, protestierte Yoyo.

»Das hätte ich fast vergessen«, sagte Heidi. »Ihr lernt natürlich unter der Obhut eures hervorragenden Lehrers und seines Assistenten.«

»Bring uns was Tolles mit«, rief eine Geiß.

»Ja, Zuckerstangen«, rief eine andere.

»Mal sehen, was sich da machen lässt«, sagte Heidi. »Und jetzt hört zu: Eine Sache ist sehr, sehr wichtig. Solange ich weg bin, macht ihr niemandem die Tür auf. Ist das klar?«

»Ja ja, kein Problem«, riefen die Kinder im Chor.

»Vor allem nicht, wenn der große, böse Wolf anklopft«, warnte Heidi.

»Nein, da musst du keine Angst haben«, riefen die Kinder.

»Gut, dann bis später«, sagte Heidi und ging, und Yoyo verriegelte hinter ihr die Tür.

Doc Croc putzte sich seine Brille. »Pause beendet«, verkündete er. »Jetzt widmen wir uns der Rechtschreibung.«

»Neein«, riefen die Geißen und begannen sofort wieder zu mosern.

Sie ahnten nicht, dass draußen der Wolf lauerte. Er hatte gesehen, dass die Mutter das Haus verlassen hatte, und leckte sich gierig die Lippen. Sein Sohn saß neben ihm und redete auf ihn ein. »Vielleicht solltest du einmal die Woche einen Obsttag einlegen«, schlug er seinem Vater vor

»Hör mal, mein Junge, ich bin kein Affe«, protestierte der Wolf. »Ich bin ein Wolf, ich brauche richtige Nahrung. Zum Beispiel zarte Geißlein.«

Im Haus hatte Doc Croc es inzwischen geschafft, etwas Ordnung zu schaffen. Alle Kinder saßen brav am Tisch und taten, als würden sie aufpassen. »Wolf schreibt man mit f«, erklärte Lehrer Croc. »Mit einem f. Und damit ihr euch das besser merkt, werdet ihr das Wort Wolf zehn Mal auf eure Tafel schreiben.«

»Ich kann Schreiben nicht ausstehen, das geht mir voll auf den Keks, mäh«, klagte ein Kind.

»Das geht mir genauso, ist total langweilig«, sagte ein anderes.

»Mäh, ich schlaf hier gleich ein.«

Yoyo konnte das nicht länger mit anhören. »Hör mal, Croci, die Kinder haben recht«, sagte er, sprang auf, holte sich einen Löffel und tat, als sei dieser ein Mikrofon. Dann stieg er auf den Tisch und begann zu rappen:

»*Dass der Wolf ein Feigling ist, weiß doch jedes kleine Kind.*
Er ist nicht so stark wie wir, weil wir uns jetzt einig sind.
Schleicht er wieder mal herum,
kommt er wirklich mal ins Haus,
hau ihn gleich blau und krumm.
Habt ihr etwa Angst vor ihm, seinen Pfoten, seiner Gier?
Nein, das haben wir alle nicht, er ist nicht so stark wie wir!
Habt ihr Angst vorm bösen Wolf, seinen Pfoten, seiner Gier?
Nein, das haben wir alle nicht, er ist nicht so stark wie wir!
Ja, das wissen wir genau, wir sind stark, und wir sind schlau!«

Während alle ausgelassen sangen und tanzten, klopfte es plötzlich. Alle verstummten, und eins der Kinder eilte zur Tür.

Doc Croc hielt es auf. »Bist du verrückt geworden? Du weißt doch gar nicht, wer da draußen ist!«

»Hallo, wer ist denn da?«, riefen die Geißlein.

Von draußen erklang eine Stimme. »Kommt, lasst mich herein. Ich bin es, eure liebe Mami.«

»Oh, diese Stimme erkenne ich sofort«, rief eins der Kinder und lachte. »Hey, du alter Läusepelz, wenn du uns reinlegen willst, musst du dir schon etwas Besseres einfallen lassen.«

Jetzt lachten alle. Sie wussten, dass draußen der Wolf stand.

»Hört mal, einen Wolf soll man nicht reizen«, warnte Doc Croc.

Doch die Geißenkinder wollten nicht hören, und das kleinste Kind griff nach einem Holzprügel und schwenkte ihn hin und her. »Boing, damit hau ich ihn«, rief es und wirbelte herum.

Der Wolf war mittlerweile mit seinem Sohn nach Hause gegangen und beichtete seiner Frau, was geschehen war. »Die müssen mich an meiner Stimme erkannt haben«, sagte er. »Dabei habe ich mein Bestes gegeben.« Und er machte seiner Frau vor, wie er die Stimme verstellt hatte, um wie die Geißenmutter zu klingen.

Frau Wolf überlegte. »Na klar: Kreide«, rief sie schließlich. »Du musst Kreide fressen. Davon bekommst du eine schöne helle Stimme.«

Der Wolf nahm ihre Hand. »Mein über alles geliebtes Weib. Mit meiner Tapferkeit und deiner Intelligenz sind wir absolut unschlagbar.«

Doc Croc hielt immer noch Unterricht: »Damit beende ich meine wissenschaftlichen Ausführungen über die natürlichen Feinde der Ziege: den Wolf und andere verwandte Spezies. Noch Fragen?«

Er sah die Kinder an und bemerkte erst jetzt, dass niemand ihm zuhörte, sondern alle damit beschäftigt waren, Teller und Tassen auf der Nasenspitze zu balancieren.

»Jetzt will ich aber mal sehen, ob ihr aufgepasst habt«, rief er wütend. »Sagt mal, wer eure gefährlichsten Feinde sind!«

»Der Bär mit seinen Riesentatzen«, rief das erste Kind.

»Der Luchs mit seinen scharfen Klauen, mäh!«, rief das zweite.

»Der Geier mit seinem krummen Schnabel«, war der dritte Vorschlag.

Dann ließen alle das Geschirr auf Doc Croc herabregnen. »Das war ein Volltreffer«, lachten sie.

»Es gibt einen, vor dem wir gar keine Angst haben«, sagte ein kleineres Kind. »Vor unserem Lehrer!«

Wieder brachen alle in Gekicher aus.

»Das ist alles deine Schuld«, sagte Doc Croc böse zu Yoyo.

»Jetzt stell dich nicht so an«, antwortete Yoyo. »Gegenstände auf der Nase zu balancieren, ist eine hoch angesehene Kunst.«

In der Höhle bereitete sich der Wolf auf seinen nächsten Ausflug vor. Er riss seinem Sohn, der Blümchen auf eine Schiefertafel malte, die Kreide aus der Hand und schluckte sie keuchend und hustend herunter. Nachdem er ein Glas Wasser getrunken hatte, machte er die ersten Sprechversuche, und tatsächlich sprach er plötzlich hell und klar wie die Geißenmutter.

Seine Frau hielt sich die Ohren zu. »Hör auf, davon bekomme ich Kopfschmerzen«, stöhnte sie. Dann warf sie ihm einen Lumpen über, sodass sein graues Fell nicht mehr zu sehen war.

»Na, wie findet ihr mich, bin ich nicht eine schöne Pelzmarie?«, flötete der Wolf, und sogar sein Sohn musste lachen.

»Ich bin bald zurück, und zwar mit Ziegenbraten als Hauptgang«, sagte der Wolf und ging.

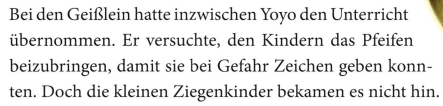

Bei den Geißlein hatte inzwischen Yoyo den Unterricht übernommen. Er versuchte, den Kindern das Pfeifen beizubringen, damit sie bei Gefahr Zeichen geben konnten. Doch die kleinen Ziegenkinder bekamen es nicht hin.

Da klopfte es an der Tür.

»Lasst mich rein! Ich bin es, eure liebe Mami«, erklang eine Stimme. Die Geißlein sahen sich an. War das wirklich ihre Mutter?

Yoyo kletterte auf einen Stuhl und schaute aus dem Fenster. Als er die Pfote auf der Fensterbank erblickte, wusste er, wer wirklich vor der Tür stand.

»Das ist der Wolf«, sagte er zu den Kindern.

Jetzt sahen es auch die anderen. »Seht nur, die graue Pfote! Will der uns auf den Arm nehmen?«, riefen sie.

Yoyo begann wieder zu singen, und alle Kinder stimmten ein: »Habt ihr Angst vorm bösen Wolf, seinen Pfoten, seiner Gier? Nein, das haben wir alle nicht, er ist nicht so stark wie wir!«

Frau Wolf war wenig begeistert, als ihr Mann mit den schlechten Neuigkeiten nach Hause kam. »Wie kann man nur so blöd sein? Da legt er die Pfoten auf die Fensterbank! Was sollen wir denn jetzt essen?«, klagte sie. »Ich bin sicher, dein Sohn hat da bestimmt schon eine Idee, oder? Löwenzahnsalat, Sauerampfer …«

»Das wär prima«, rief der Sohn und reckte eine Rübe in die Luft. »Was haben wir denn sonst noch so in der Speisekammer?«

»Zwei Säckchen Mehl, das ist alles, was noch da ist.« Sie hielt inne. »Mehl … Wie wäre es, wenn du deine Hand damit einreibst, dann sieht sie aus wie die einer Geiß!«

»Ich wusste, dass mir etwas einfallen würde«, sagte der Wolf zufrieden.

»Was soll denn das heißen?«, protestierte seine Frau. »Wem ist hier was eingefallen?«

»Oh, entschuldige«, sagte er. »Ich meine natürlich: Uns ist etwas eingefallen.« Er küsste sie. »Stimmt's, Schnuckelschätzchen?«

Im Haus der Geißlein hatten sich Doc Croc und Yoyo beraten. Es gefiel ihnen nicht, dass der Wolf um das Haus herumschlich. »Wir holen den Jäger«, erklärte Doc Croc schließlich den Kindern. »Dann ist Schluss mit dem Wolf. Wir gehen jetzt, und ihr lasst niemanden herein außer eurer Mutter.«

»Ist das klar?«, fragte Yoyo, und alle sagten, dass sie niemanden hereinlassen wollten außer der Mutter.

Doc Croc nickte. »Und woran erkennt ihr sie?«

»An der hohen Stimme und dem weißen Fell«, antworteten die Kinder im Chor.

Der Bücherwurm sah sie zufrieden an. »Richtig. Ihr habt also doch etwas bei mir gelernt«, sagte er und ging.

Kurze Zeit später bereitete sich der Wolf vor dem Haus auf seinen großen Auftritt vor. Dann räusperte er sich und legte los. »Ich bin es, euer liebes Mamilein«, sagte er und klopfte an. »Bitte macht mir die Tür auf.«

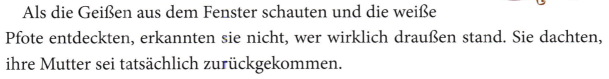

Als die Geißen aus dem Fenster schauten und die weiße Pfote entdeckten, erkannten sie nicht, wer wirklich draußen stand. Sie dachten, ihre Mutter sei tatsächlich zurückgekommen.

»Ich hab euch auch Naschwerk mitgebracht, Bonbons und Zuckerstangen«, flötete der Wolf.

Nur das kleinste Kind blieb misstrauisch. »Das ist nicht unsere Mutter, das ist der Wolf!«, rief es.

»Hast du nicht das weiße Fell gesehen? Das kann nur unsere Mutter sein«, widersprach ein anderes Kind.

»Und außerdem würde ein Wolf uns niemals Bonbons mitbringen«, merkte ein drittes an.

»Wenn Yoyo und Croci jetzt bloß hier wären!«, jammerte ein viertes Geißenkind.

»Jetzt macht endlich auf«, rief der Wolf. »Oder wäre es euch vielleicht lieber, wenn ich all die leckeren Sachen ganz alleine esse?«

Die Kinder wussten nicht, was sie glauben sollten, aber schließlich riss eins der Geißlein die Tür auf, und sofort stürmte der Wolf ins Haus.

Die Geißlein begannen zu schreien und stoben in alle Richtungen davon. Das Jüngste jedoch versteckte sich im Uhrenkasten.

Als Yoyo und Doc Croc nach einer Weile zum Haus zurückgelaufen kamen, war die Haustür weit aufgerissen und das Haus leer. Kein einziges Geißenkind war zu sehen. Doc Croc schlug erschrocken die Hand vor den Mund. »Oh nein! Das darf nicht wahr sein!«

»Oh mein Gott«, sagte Yoyo fassungslos. Er wollte gar nicht darüber nachdenken, was geschehen war.

Im gleichen Moment kam die Geißenmutter Heidi nach Hause. »Hallo, Kinder, eure Mutter ist wieder da«, rief sie fröhlich, doch dann sah auch sie, dass keins ihrer Kinder zu sehen war, und schrie auf. »Was ist hier passiert? Um Gottes willen, wo sind meine Kinder?«

»Wir wollten den Jäger holen«, erklärte Yoyo.

»Aber als wir bei seinem Haus waren, hat uns niemand aufgemacht«, fügte Doc Croc hinzu.

»Soll das etwa heißen, ihr habt die Kinder allein gelassen?«, fragte Heidi entsetzt. »Und dann ist der Wolf gekommen? Oh nein …« Sie begann zu weinen.

Da erklang auf einmal die Stimme des jüngsten Geißenkinds. »Oh, Mami!« Weil das Kleine sich im Uhrenkasten versteckt hatte, hatte der Wolf es nicht finden können. Glücklich schloss Heidi es in die Arme. »Du bist noch am Leben«, sagte sie erleichtert.

»Vielleicht sind die anderen ja auch noch am Leben«, überlegte Yoyo hoffnungsvoll.

»Wie denn?«, fragte Heidi traurig.

»Na ja, wenn der Wolf sie mit einem einzigen Happs verschlungen hat, könnten sie eigentlich überlebt haben«, erklärte Doc Croc.

»Vielleicht macht er gerade ein Nickerchen …«, überlegte Yoyo.

»Das wäre unsere einzige Chance«, sagte Doc Croc.

Und so machten sich alle auf den Weg, um den Wolf zu suchen.

Der Sohn des Wolfs saß vor der Wolfshöhle und kaute genüsslich an einer Rübe. Als plötzlich die Geißenmutter mit dem jüngsten Kind, Yoyo und Doc Croc auf ihn zustürmten, verschluckte er sich vor Schreck beinahe.

»Dein Vater ist ein Mörder!«, schrie Heidi.

»Was soll ich sagen …«, sagte der kleine Wolf.

»Er ist ein Mörder, ein ganz gemeiner Mörder«, schrie das Geißenkind und baute sich böse vor ihm auf. »Wie alle Wölfe!«

»Da irrst du dich, manche Wölfe sind auch Vegetarier!«, verteidigte sich der kleine Wolf.

Yoyo versuchte es freundlicher. »Sag mal, weißt du vielleicht, wo dein Vater sein Verdauungsschläfchen hält?«, fragte er.

Der Junge wusste Bescheid und war bereit, ihnen den Weg zu zeigen. »Er schläft da unten am Fluss«, sagte er und lief den anderen voran.

Tatsächlich hatte sich der Wolf in eine Hängematte zwischen den Bäumen gelegt und schlief tief und fest. Sein Bauch sah aus wie eine Kugel, so vollgefressen war er. Sein Sohn und Doc Croc versuchten, ihn zu wecken, doch es war unmöglich: Er schlief wie ein Stein. Und weil er so fest schlief, zückte Doc Croc eine Schere und schnitt dem Wolf den Bauch auf, ohne dass dieser erwachte. Und siehe da: Ein Geißenkind nach dem

anderen kletterte heraus, und alle waren wohlbehalten und gesund. Glücklich schloss Heidi ihre Kinder in die Arme.

»Ich freu mich so«, sagte sie und streichelte die Kleinen. »Endlich habe ich euch wieder. Ich hatte solche Angst um euch!«

»War ganz schön dunkel da drin«, sagte ein Kind. »Ich dachte, wir kommen nie wieder raus.« Glücklich kuschelte es sich an seine Mutter.

Yoyo sah dem Familienglück eine Weile zu. Dann kam ihm ein Gedanke. »Und was machen wir jetzt mit dem Wolf?«, fragte er.

»Da wird sich schon ein Weg finden«, sagte der Wolfssohn. Er schämte sich für das, was sein Vater angerichtet hatte, und beschloss, seinen neuen Freunden zu helfen. »Auf jeden Fall muss er aufhören, Geißlein zu jagen. Ich finde, er sollte Vegetarier werden.«

Doc Croc überlegte. »Ich glaube, ich habe da auch schon eine Idee«, sagte er und räusperte sich. »Hört mal her«, rief er dann. »Geht mal alle Steine suchen. So richtig große, ja?«

Da stoben die Geißlein in alle Richtungen davon und schleppten so viele Steine an, wie sie tragen konnten.

Yoyo und Heidi stopften sie dem Wolf in den nun leeren Bauch, bis dieser ganz voll war. Dann nähten sie den Bauch zu. Der Wolf hatte von all dem nichts mitbekommen und schlief noch immer.

Als der Wolf erwachte, versteckten

sich alle hinter den Büschen und Bäumen, denn sie wussten nicht, wie er reagieren würde.

Der Wolf reckte und streckte sich und setzte sich auf. »Jetzt wäre was zu trinken recht«, sagte er zu sich selbst und rieb sich den Bauch. »Ich habe einen Riesendurst.«

Doch als er aufstehen wollte, fiel er vornüber, weil er durch die Steine so schwer geworden war. Auf allen vieren kroch er zum Flussufer und versuchte, von dem Wasser zu trinken. Aber oje: Das Gewicht zog ihn nach vorn, und er stürzte hinein.

»Hilfe, ich ertrinke«, schrie er, als er vom Fluss fortgetrieben wurde.

Während er hilflos davonrieb, kam er an seiner Höhle vorbei. Dort bemerkte ihn seine Frau, die sich sofort in die Fluten stürzte, um ihn zu retten, doch die Strömung war zu stark, und so nahm der Fluss sie beide mit. »Hilfe, warum hilft uns niemand!«, schrien sie.

Ihr Sohn rannte den ganzen Fluss entlang, so schnell er konnte. Als er seine Eltern endlich eingeholt hatte, hörte er ihre Hilfeschreie. »Ich rette euch, keine Sorge!«, rief er ihnen zu. »Aber würdet ihr mir auch einen Gefallen tun? Könnt ihr mir versprechen, nie wieder Fleisch zu fressen?«, fragte er.

»Nie wieder«, brüllten die beiden sofort. »Wir versprechen es.«

»Nicht mal eine Gans zu Weihnachten, ja?«, rief der Sohn.

Und die Eltern versprachen auch das.

Da hielt der Sohn einen langen Ast ins Wasser, an dem sich die beiden Wölfe festhalten und ans Ufer klettern konnten.

Die Geißlein liefen vergnügt zu ihrem Haus zurück und sangen lautstark ihr Wolfslied.

»Das war ganz schön knapp«, sagte Yoyo zu Doc Croc.

»Das stimmt.« Der Bücherwurm nickte. »Aber die Kinder haben auch ganz schön was gelernt.«

»Und zwar, dass dein Unterricht sie nicht weiterbringt«, witzelte Yoyo.

Die beiden sahen sich an. Ihre Aufgabe bei den Geißlein war erfüllt. »*Simsa … Simsala … SimsalaGrimm*«, riefen sie, und schon im nächsten Moment schwebte das Zauberbuch heran, nahm die beiden Freunde mit und trug sie fort, neuen Abenteuern entgegen.

Und wenn sie nicht gestorben sind, dann leben sie noch heute.

SimsalaGrimm! Es war einmal …
Eure TV-Helden zum Mitnehmen

Sonja Fiedler-Tresp · *SimsalaGrimm – Die Schöne und das Biest*
Mit Bildern der KiKA-Serie · 24 S. · Ab 3 · ISBN 978-3-7707-0172-8

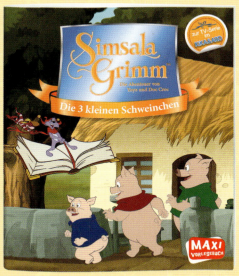

Sonja Fiedler-Tresp · *SimsalaGrimm – Die 3 kleinen Schweinchen*
Mit Bildern der KiKA-Serie · 24 S. · Ab 3 · ISBN 978-3-7707-0171-1

Sonja Fiedler-Tresp · *SimsalaGrimm – Die kleine Meerjungfrau*
Mit Bildern der KiKA-Serie · 24 S. · Ab 3 · ISBN 978-3-7707-0169-8

Sonja Fiedler-Tresp · *SimsalaGrimm – Aladin und die Wunderlampe*
Mit Bildern der KiKA-Serie · 24 S. · Ab 3 · ISBN 978-3-7707-0170-4

Die schönsten Märchen aus der SimsalaGrimm-Serie als MAXI-Vorlesebücher.

ellermann
DER VORLESEVERLAG

Mehr zu Yoyo und Doc Croc unter: www.ellermann.de